秦淮夜谈

（第30辑）

金毓平 主编

南京市秦淮区档案馆
秦淮区地方志编纂委员会办公室 编著

南京出版传媒集团
南京出版社

图书在版编目（CIP）数据

秦淮夜谈. 第30辑 / 南京市秦淮区档案馆, 秦淮区地方志编纂委员会办公室编著. -- 南京 : 南京出版社, 2024. 9. -- ISBN 978-7-5533-4876-6

Ⅰ. K295.31

中国国家版本馆CIP数据核字第2024G63N20号

书　　名　秦淮夜谈（第 30 辑）
作　　者　南京市秦淮区档案馆
　　　　　秦淮区地方志编纂委员会办公室
出版发行　南京出版传媒集团
　　　　　南京出版社
　　社址：南京市太平门街 53 号　邮编：210016
　　网址：http://www.njcbs.cn　电子信箱：njcbs1988@163.com
　　联系电话：025-83283893、83283864（营销）　025-83112257（编务）

出 版 人　项晓宁
出 品 人　卢海鸣
责任编辑　程　瑶
责任印制　杨福彬

印　　刷　南京凯德印刷有限公司
开　　本　889 毫米 × 1194 毫米　1/32
印　　张　7.75
字　　数　191 千字
版　　次　2024 年 9 月第 1 版
印　　次　2024 年 9 月第 1 次印刷
书　　号　ISBN　978-7-5533-4876-6
定　　价　36.00 元

用微信或京东APP扫码购书

用淘宝APP扫码购书

编委会名单

【目 录】
contents

淮上杂谈

灯下漫笔

贡院春秋

文献点校

史志资料

那年那月

【人物长廊】

明末清初南京著名父子藏书家黄居中与黄虞稷

金毓平

“一篇书目传千顷，十则家规韵五言。”这是黄虞稷祖宅门首的一副楹联。“书目”即《千顷堂书目》，清代《四库全书总目提要》评价此书目“考明一代著作者，终以是书为可据”。“千顷”即黄虞稷藏书处“千顷堂”。陈诒绂《金陵园墅志》谓“千顷堂在马路街，晋江黄立父教谕居中居金陵别墅，藏书数万卷”。所谓“黄立父教谕居中”，指的就是黄虞稷的父亲黄居中。

黄居中（1562—1644），字明立，又字坤吾，号海鹤。福建晋江安海（今泉州）人。万历十三年（1585）举人，官上海教谕（相当于今天的县教委主任，为正八品。但需负责县学的管理与课业，掌文庙祭拜，教育所属生员），迁任南京国子监丞（明代国子监内设绳愆厅，其长官称为监丞，相当于学监，负责惩戒国子监中犯有过错者），于是移家南京。后转任黄平知州，因不满官场肮脏龌龊之风气，辞官不往，一心锐意藏书，手自抄书，“其整瞻类孟坚，其浑涵类子由，其博综类子政，而研究深窍，则抽紫阳之精而削其蔓。至于有韵之语，则取法杜陵，自为杼轴而无摹拟之迹。”晚年藏书更富，创建藏书楼“千顷斋”，藏书六万余卷，所藏以明代人著述最为齐备，上迄明代十六朝帝王大臣著作，下至百姓文人诗文笔记，没有不搜讨网罗的。其中收藏明人著作达12000余种。黄宗羲《天一阁藏书记》谓：“屈指大江以南，以藏书名者，不过三四家，千顷斋之书，余宗兄比部明立所聚。自庚午迄辛巳，余往南中，未尝不借其书观也。”钱谦益《黄氏千顷斋藏书记》云："仲子来告我曰：'虞稷之先人，少好读书，老而弥笃。自为举子，以迄学官，修脯所入，衣食所余，未尝不以市书也。寝食坐卧，宴居行役，未尝一息废节也。丧乱之后，闭关读《易》，笺注数改，丹铅杂然。易箦之前，手未尝释卷帙也。藏书千顷斋中，约六万余卷。'"著有《千顷斋集》《千顷斋藏书目录》《文庙礼乐》等。

黄虞稷（1629—1691），字俞邰，号楮园，明末清初晋江安海人，受父亲黄居中熏陶，从小刻苦向学，淡泊名利，超然世外，热衷坟籍，嗜书成癖。七岁能诗，有神童之称。"余闻虞稷好事，过于其父。"虞稷亦云："余小子裒聚而附益之，又不下数千卷。唯夫子之于书有同好也，得一言以记之，庶几劫灰之后，吾父子之名与此书犹在人间也"。比之乃父，黄虞稷对藏书的兴趣更为浓厚，感情亦更为强烈。顺治元年（1644），黄父撒手人寰，是年黄虞稷年方十六，旋入江宁郡学，博览群书。"俞邰生时，先生将七十，从锦褓中熏以诗书之气。年未二十，问无不知，知无不举其精义。"被当地藏书家丁雄飞视为知己，互称书友、学友。虞稷经常去丁家借抄、借读鲜见之书，并与之切磋学问。二人约定："每月十三日丁至黄，二十五日黄至丁。为日已订，先期不约。要务有妨则预辞。不入他友，恐涉应酬，兼妨检阅。到时果核六器，茶不计。午后饭，一荤一蔬，不及酒，逾额者夺异书示罚。舆从每名给钱三十文，不过三人。借书不得逾半月。还书不得托人转致。"以"尽一日之阴，探千古之秘"。不仅如此，黄虞稷依旧广泛搜购他人流散市上的藏书，充实自己的珍藏。几年间，黄虞稷在其父黄居中千顷斋藏书六万余卷的基础上，增至八万多卷，并易名千顷斋为千顷堂，成为江南屈指可数的大藏书家之一。《金陵朱氏家集》云："《古今书目》为黄俞邰、龚蘅圃所得，以备史料，《千顷堂书目》盖即参取南仲公书目而成，然钱受之采明诗，从俞邰借书，得尽阅所未见，又为作《黄氏千顷斋藏书记》，是俞邰实有是书，并非悉据旧目。或桑海之际，朱氏之书与目，均为俞邰所得欤？”指的是当时名儒、藏书家钱谦益在纂辑《列朝诗集》时，向黄虞稷借书，才“得尽阅本朝诗文之未见者”。钱氏见多识广，其绛云楼藏书被誉为东南文献之归，但他尚需借阅黄氏之书，可见千顷堂藏书之富、珍籍之多。

黄虞稷拥有丰富的藏书，从不矜啬，公之同好，互相研究考订。“常与江左诸名士约为经史会，以资流览，借阅者无虚日”。著名学者黄宗羲曾赠黄氏诗：“秣陵焦氏外，千顷聚书多。石户栖千秘，宗人许再过。从来耽怪牒，岂以易鸣珂。况说今加富，应知有鬼诃。”《吴远期游白下，栎园先生大会词人高士，数十年来未有之盛事也，长歌纪之》云：“黄生闭户少酬酢，颇知姓字识面讹。东桥孙子老耆旧，为我指示何观缕。”《九章算术·版本与校勘》载“清初南京黄虞稷家中有南宋刻本《九章算术》，仅存方田、粟米、衰分、少广、商功五章。康熙十七年（1678）梅文鼎到南京应乡试时曾到黄家翻阅过。这个残本《九章算术》于乾隆中为曲阜孔继涵所得，嘉庆中为阳城张敦仁所得，今存上海图书馆。常熟毛扆于康熙二十三年向黄家借钞得一影宋钞本。这个影宋的残本《九章算术》于乾隆中转入清宫，作为天禄琳琅阁藏书，今存故宫博物院”。可见，黄虞稷能将自家藏书慷慨出借，互通有无。

时值清兵大举南下，江南战乱频仍。许多名家珍藏版籍大都受到不同程度的损失，号称藏书与天府埒的明朝诸藩之藏，更几无寸轴片纸留世。面对如此艰难之世，黄虞稷千方百计慎守先世藏书，竟奇迹般完好地保存了下来。个中滋味，恐怕只有黄虞稷本人才能体味。钱谦益《黄氏千顷斋藏书记》感此云：“黄氏之书，俨然无恙，则岂非居福德之地、有神物呵护而能若是欤？……兵火焚掠，弥亘四方，今之奇书秘册，灰飞烟灭，又不知其几何也。世变凌迟，人间之图书典记，日就澌灭，今日流传委巷，册兔园者，覆酱瓿者，要知异日不以为酉阳之典而羽陵之蠹乎？然则黄氏之书，积之固难，而藏之亦不易，固未可以苟然而已也。《传》不云乎：‘君其备御三邻，慎守宝矣。’人有千金之产，扃鐍缄縢，汲汲焉惟慢藏是惧，而况千万卷乎！”

千顷堂藏书凝聚着黄氏父子数十春秋的心血，涵括经、史、子、集四部各个门类。为使当时历劫幸存的珍贵版本书籍得以广泛流传，黄虞稷还会同祥符藏书家周在浚，共同发起征刻唐宋秘本藏书。“黄周二子胪列所藏唐宋秘本，告天下共勷盛事，公其贵且美者于世，以厌服海内好奇嗜异之心，可谓有功矣。”他们从各自家藏中精心挑选出唐、宋秘本 96 种，详加校订，编成《征刻唐宋秘本书目》一卷，刊刻发布，广泛征求有财力的有识之士刊印出版，希望以此带动海内藏书家，共出所藏珍本。此举得到许多学者的积极响应，朱彝尊、魏禧等五人联名发表《征刻唐宋秘本书启》，张芳还专就此事撰文，愿天下人共襄盛举。不久，纳兰性德刊刻《通志堂经解》，首先收入黄虞稷和周在浚提供的经部书籍。其后，在官纂《武英殿聚珍版丛书》和私刊《知不足斋丛书》中，又陆续刊印《征刻唐宋秘本书目》中的绝大部分珍籍。

黄虞稷利用家藏的珍本，常与当时的名士学者论事校书，视野大开，学识益广。龚佳育是金陵藏书兼刻书的名家，黄虞稷在他府中立馆，一面教其子弟，一面为其校书。《鹤征录》载：“先生博雅能文，尤深经学。馆江宁龚方伯署中，与令子侍御蘅圃交最契。龚藏书甲浙右，所刊《授经图》《春秋纂例》诸书，经其校正者为多。”不仅如此，黄虞稷还恪守母谕，终生致力于收藏图书与钻研。埋首三十余载，校订藏书。并他父亲所撰六卷《千顷斋藏书目录》的基础上，以个人之力，重编成目录学史上著名的《千顷堂书目》三十二卷。按四部分类，下分四十三门，对明一代之书，详加著录。兼补《宋史·艺文志》所遗漏之书，又因辽、金、元三史无艺文志，又于每类之后，附此三代书目。著录宋咸淳以降宋人著作600余家，12700余卷，辽、金、元三代1710人的著作，12200余卷。卷数之外，注明撰人略历，较前代各史艺文志为详明。此后，《千顷堂书目》一直以抄本形式广为流传，并先后得到朱彝尊、杭世骏、卢文弨、吴骞诸学者的推崇和校补，日臻完善，成为中国目录学史上不可或缺的重要著述。

清康熙十七年，清廷特命内外大臣推荐人才，开博学鸿词特科。黄虞稷以"博雅能文"，尤深谙经籍目录之学被推荐进京。未及应试，忽报丧母而奔归守制。康熙十八年，清廷开馆纂修《明史》，由左都御史、昆山徐元文（玉峰）担任监修总裁，召集全国的著名学者参修。徐元文以黄虞稷学问深博，文笔雅健，特荐举参与纂修。康熙二十年，黄虞稷乃以布衣入翰林院，食七品俸禄，就任《明史》纂修官。黄虞稷在明史馆，分纂《列传》和《艺文志》。在编纂过程中，他以《千顷堂书目》为底本，利用史馆的有利条件，博采诸家书目，去其繁杂，辑其未备，反复考订，纂成《明史·艺文志稿》。康熙二十三年，徐元文之兄徐乾学修《大清一统志》，又推荐黄虞稷兼任《大清一统志》的纂修官，分纂福建全省分志。康熙二十八年，《大清一统志》的总裁官徐乾学乞假回乡，特旨准带《一统志》稿回昆山总纂。徐乾学疏请准带黄虞稷"随往相助，一如在馆供职，庶编辑易成"。经过一年多的努力，《大清一统志》的总纂工作基本完成。康熙三十年七月，黄虞稷积劳成疾，抱病回归江宁（南京），五天后便与世长辞。

黄虞稷死后不久，千顷堂藏书逐渐星散。《静志居诗话》云："坟土未干，皆归他人插架，深可惋惜也。"叶昌炽《藏书纪事诗》曰："玉笈珠囊制骆驼，郁仪未较竹居多。晋江父子藏书处，石户分明有鬼诃。"令人唏嘘。

明初南京重大工程监造者都督府佥事李新

金毓平

李新（？—1395），濠州人。明初官吏，任中军都督府佥事，封崇山侯。《明史·李新传》载：“李新，濠州人。从渡江，数立功。战龙湾，授管军副千户。取江陵，进龙骧卫正千户。克平江，迁神武卫指挥佥事，调守茶陵卫屡迁至中军都督府佥事。十五年，以营孝陵，封崇山侯岁禄千五百石。二十二年命改建帝王庙于鸡鸣山。……二十六年督有司开胭脂河于溧水，西达大江，东通两浙，以济漕运。河成，民甚便之。二十八年以事诛。”短短的200余字，传递了大量的李新与明代南京重大工程建设信息。正是他，为今天的南京留下了世界文化遗产明孝陵以及灵谷寺、天生桥风景区。

主持明孝陵工程

明孝陵位于紫金山南麓独龙阜玩珠峰下，为明太祖朱元璋与马皇后的合葬陵寝。因马皇后谥号“孝慈高皇后”，又因奉行孝治天下，故名“孝陵”。2003年7月，明孝陵及明功臣墓被列为世界文化遗产。

《金陵梵刹志》载“洪武十四年（1381）辛酉：蒋山寺住持仲羲奏迁蒋山寺及宝公塔于东冈，改赐寺额曰灵谷寺，榜外门曰第一禅林。命度僧一千名，悉给与度牒，赡僧田二百五十顷有奇。敕杭州府儒学教授徐一夔撰寺碑文。”由此可知，洪武十四年开始拆迁紫金山独龙阜周围建筑，并移蒋山寺及宝公塔于今灵谷寺，以建孝陵。又据《明太祖实录》“洪武十五年十二月乙亥朔：诰曰：‘朕闻历代之君肇兴王业，贤能之士乘势而起佐成大勋而膺爵受封，与国同久。咨尔龙虎将军中军都督府佥事李新，与朕同里闬，当起义之初即委身来附。滁和既定，翊渡大江，克采石、复太平、战溧水，从攻建业京口、毗陵宣城、江阴池阳，又从征金华、援安丰、征合肥、佐大将军拔荆襄、定浙西、咸预有功，始掌千夫、继职列卫、遂佥都府，勋劳益著。乃者俾营孝陵尽心所事，卒底成功，是用加尔开国辅运推诚宣力武臣，封崇山侯，食禄一千五百石。尔其毋怠，益展忠勤、使勋业并著于旂常，德泽永流于后裔。’”李新在一年内将孝陵主体建筑基本建成，翌年马皇后去世得以葬入，由此深获朱元璋的赏识与看重，并封侯。可以说，李新的建陵之功远胜于战功。

负责改建帝王庙

明代鸡鸣山历代帝王庙今已不存，但在当时却是一个不小的工程，先后数次改建。洪武元年，朱元璋在百官的劝进和拥戴下，于郊坛即皇帝位，国号大明。为更加证明自己是真命天子，位居“九五”，同年，建帝王庙，祭祀三皇。洪武四年，又选择中原地区历史上的三十四位仁君同祭，并从祀历代名臣。洪武六年，因礼官上书帝王父子、祖孙在一庙之中合祭不合礼制，于是，朝廷下令，另设立历代帝王庙。庙中所祀的帝王，同在一堂，但各自分室。洪武七年，南京帝王庙除伏羲、神农二位帝王不加冕服外，塑历代帝王冠冕坐像。“十五帝冕旒塑像，惟羲农存太古之形，轩皇始为文明之饰，余以世次递迁，皆南面。”洪武二十一年，历代帝王庙发生火灾。于是，朝廷令李新在钦天山（鸡笼山）

之阳改建历代帝王庙。《明太祖实录》“（改建历代帝王庙于鸡鸣山之阳）命崇山侯李新董之。”朱棣迁都北京后，对历代帝王的祭祀或在南京进行，或在北京进行，嘉靖九年（1530），随着北京历代帝王庙的兴建，南京旧庙即被废弃。

督修溧水胭脂河

胭脂河在南京市溧水区天生桥风景区内，开凿于洪武二十六年。《明太祖实录》载“上谕之曰：‘两浙赋税漕运京师，岁实繁浩。一自浙河至丹阳舍舟登陆转输甚劳；一自大江溯流而上，风涛之险覆溺者多。朕甚悯之！今欲自畿甸疏凿河流以通于浙，俾运输者不劳商旅获便，故特命尔往督其事。尔其夜事惟勤，役民勿暴。’新顿首受命而行。暨河成，人皆便之。”《明史·河渠志》亦载“洪武二十六年，尝命崇山侯李新开溧水胭脂河以通浙漕，免丹阳输挽及大江风涛之险……”可以看出，修胭脂河是为了沟通南京与两浙地区的漕运。全长7.5公里，中间4.5公里为胭脂岗河段。山冈由岩石组成，下凿30多米，底宽十多米。在没有爆破技术的明代，民工们先在岩上凿缝，嵌入麻丝，浇以桐油后烧热，再泼凉水，待石裂再撬下运走。开河时预留顶部巨石为桥（原有南北两桥，现存北桥，即今天生桥），中凿孔十余丈，以通舟楫。桥长34米，宽8—9米，顶石厚8.9米，高程35米。工程十分浩大，李新督六郡民工日夜凿之，“劳夫枕藉，得以一年完成”。然而，在胭脂河修成两年后，李新却因此被杀。对此，《乾隆溧水县志》载“明洪武二十五年，太祖命崇山侯李新凿河通苏浙运道，桥因势而成，故名天生。父老相传云，李新尝私于民家，舍平陆，焚石凿之，役而死者万人。太祖微行至，立诛之，以报役死者。”《罪惟录》亦称“奉诏浚溧水，受民赂，请更诏凿山，兵怨，伏法。

钉其肤大石，今天生桥钉窍犹在。”故后人有诗云：“两崖空溅奸臣血，一派常流圣主恩。”

白门奇士顾櫰三

陆　晖

顾櫰三，字秋碧，江宁（今江苏南京）人，生于乾隆五十年（1785），死于道光二十六年（1846）至咸丰三年（1853）之间，是清代乾嘉汉学后期著名的诗人、史学家。他才思敏捷，学识渊博，且生性狂放，不拘小节，世人谓其“迂癖”（荒诞古怪），故有“白门奇士”之称。

顾櫰三的先祖为元末名士顾德辉（金粟山人）之后，于明代中叶迁居浙江，至清初家族繁衍，分为八门。由于家风纯正，族内子弟或耕或读，无一游手好闲，清代大学士蒋溥曾为顾家题写匾额“稼啬堂”。

顾櫰三的曾祖父顾问山，少时孤贫，曾徒步至京师，得到重臣唐绥祖、田文镜的赏识，以拔贡生任永城知县，后升任至归德知府。顾问山在60岁时辞官，举家迁居到南京。他买下了位于秦淮河畔汝南湾（在东水关至九龙桥一带的秦淮曲折处）的一座大宅院（相传此处原为明代功臣俞通海府第），还在家中豢养了戏班子“金谷班”。一时门前车水马龙，堂内名流云集。这是金陵顾家最鼎盛的一段时期。

顾櫰三的祖父顾天颜，弃文习武，技勇绝人，因舞刀（武科考试中的一项）出众，受江宁将军福增格青睐，仕至广东副运，最后死在任上。据记载，顾櫰三生有异禀，体力过人，“指爪甚有力，可以排墙”，很可能有其祖父遗传基因的影响。

顾櫰三的叔祖父顾午田，是家族里最后一位重要人物。他精善医术，创立了慈善机构普济育婴堂，在地方上颇有影响。顾午田去世后，顾家便家道中落，后来分家析居，连汝南湾的祖宅都卖给了他姓。

顾櫰三的父亲虽苦心读书，科举却屡试不中，后在顾櫰三祖母去世时悲伤过度，竟致一病不起，过早离世了。父亲去世时，顾櫰三才七个月大，尚在襁褓之中。

顾櫰三幼年丧父，由母亲抚养长大。母亲也是顾櫰三的启蒙老师，“四书”与《毛诗》皆由母亲口授。九岁以后，顾櫰三开始正式跟随老师读书。由于家境贫寒，母亲靠帮人做针线活获取一点报酬，供顾櫰三上学。家中粮食接济不上时，要向邻里乞讨才能维持生活。母亲非常看重顾櫰三的学业，曾令他立誓“读书不成，不许展先府君墓”。顾櫰三也在艰苦环境下努力学习。

顾櫰三 16 岁时，跟随名师胡愚溪学诗赋。胡愚溪也是晚清名臣邓廷桢的老师，对顾櫰三十分器重，甚至将书塾以顾櫰三和另一名学生胡大猷（字三槐）的名字命名，称为“六槐书屋”。

顾櫰三本就天资聪慧，又加上勤奋好学，果然不负众望，少年时就以擅诗赋而远近闻名，可在一天之内写成三四篇长幅骈俪文，洋洋达数千言，文辞华美工整。至于八股文章，顾櫰三更是不在话下，一天能写七八篇。顾櫰三还曾问学于著名学者姚鼐、钱大昕，为中年之后转向史学研究打下了基础。

顾櫰三虽才华出众，科举之途却并不顺利，科名止于秀才，补岁贡。为寻求出路，顾櫰三离开南京，长期游历于北京、天津、山东、河南等地，却一直没有碰上如曾祖父当年一般的机遇。

顾櫰三的怀才不遇，或与其个性有很大关系。游历北京时，顾櫰三与浙江金岳秋、辽东张铁侯交好，因不入俗流，被称为“三奇友”。其时沭城名士王钦霖也在北京，他对奔走名利场者十分鄙夷，从不拜谒权贵，也不善交际，不苟言笑，不常与人寒暄，却独与顾櫰三等“三奇友”交往甚密。所谓人以群分，顾櫰三为人秉性由此也可见一斑。

在颠沛流离之中，顾槐三度过了几乎整个中年时期，却一无所获，最后只得从北方返回故乡南京。

回到南京后，顾槐三在秦淮河畔筑宅而居，起室名为然松阁（也作燃松阁）。此宅位于淮清桥东侧的钓鱼巷。这一带妓寮林立，是秦淮河畔有名的烟花柳巷，旧名“手帕巷”，所谓“正人君子”避之不及，顾槐三却择此筑居，足见其狂放不羁的秉性。

为避免来此地冶游者误入，顾槐三在自家门前题写了一副对联：“得过且过日子，半通不通秀才”，以表示此宅与别处不同。这副对联俗中显工，既写出了顾槐三漂泊半生、窘困潦倒的遭遇，又表现出他与世无争、乐观豁达的人生态度，为世人津津乐道，一时传为趣谈。顾槐三还曾以柴米油盐酱醋茶为题，戏作七律诗一组，其《醋》诗中有句曰：“我亦酰鸡身世感，半瓶羞涩到而今”，亦与此对联有异曲同工之意趣。

顾槐三居钓鱼巷时，恰与好友张汖（字子澜，上元县人）的住宅隔河相望。张汖也是一位才子，著有《青溪书屋诗草》，人称其诗格高古。顾槐三和张汖虽相识较晚，却惺惺相惜，一见如故。二人交情笃深，又皆负才名，遂被合称为“白门双妙”。张汖曾应顾槐三之邀，为《然松阁赋集》作序，称“予与君张南周北夹水而居，王后卢前同时已定”，盛赞顾槐三文采“何止江东独步”。后张汖不幸早逝，顾槐三作《哭张子澜》诗曰：“晚岁论交日，青溪水上楼。君才真十倍，此叙足千秋。孤愤生无赖，奇穷死亦愁。空山惊噩梦，相望涕横流。”痛惜之情，溢于纸上。友人严廷中著《药栏诗话》，顾槐三以张汖遗稿一卷相示，嘱其“摘入《诗话》，以存其人”。

道光十一年（1831），顾槐三与杨辅仁、王章、车持谦、周介福等一批文人订交，共结诗社“苔岑社”。他们往来唱和，切磋诗艺，对道咸之际的金陵诗风产生了直接的影响。后来，苔岑社成员徐鹤孙以这段经历为背景，创作了传奇剧《秣陵秋》，剧中人物多有真实原型，其中古士秋一角的原型即为顾櫰三。

顾櫰三少年时以诗赋闻名，中年之后又转向经史考订之学，对目录学颇有研究。他一生著述甚丰，著有《然松阁赋钞》《然松阁诗钞》《然松阁存稿》，辑有《风俗演义佚文》《补辑风俗演义佚文》《通俗文》并撰《补音》，补撰的《补后汉书艺文志》《补五代史艺文志》是其最重要的两部著作，至今仍是研究古代文献目录的重要参考资料。

顾櫰三晚年为避战乱，被迫再度离开南京，辗转徙至淮安，寄食于当地一鲍姓人家，以授课为生。此时他仍笔耕不辍，但因身心交瘁，最后客死在清河的海神庙中。所遗书稿在其生前大多未及刊行，后在乱世中大量散失，甚至被他人剽窃、篡名。好友鲁一同哀其一生遭遇，写诗感叹道："一代伤心客，江南顾虎头。才名堪敌国，诗骨不封侯。"

顾櫰三去世十多年后，其弟子龚坦来到淮清桥边的钓鱼巷，找寻老师旧宅遗迹，却发现此处已成废墟，只好满怀怅惘地写下一首诗《钓鱼巷访顾秋碧师宅》："茫茫烟水易黄昏，只有青溪渡尚存。立雪当年何处所，蓬蒿满径不知门。"

【红色遗址】

磨盘街 42 号

肖振才

走进南京钓鱼台小学校园，不远处就能看见两堵青砖砌成的灰白色碑墙。碑墙上镌刻着“中共南京市委苏北新四军联络站旧址”金色大字，铭文告诉每一位访者，这里不仅是抗日战争时期新四军设立的联络站，同时也是解放战争时期中共南京市委第一次会议的会址。中共南京市委党史办公室所编的《南京解放史（1945—1949）》也赫然记下：1946 年 5 月，中共南京市委重建后召开的具有重要意义的第一次委员会议在磨盘街 42 号召开，传达中共华中分局的指示，研究部署工作。

磨盘街在集庆路新桥西南侧，南起饮马巷，北至殷高巷。相传清代此处有多家专售磨盘的店铺，故名。由于地处秦淮闹市，临近中华门城堡，紧靠秦淮河畔，在民国时期是南京城南居民人口的密集区。当时的磨盘街 42 号是一处临街青砖小瓦的平房，呈拐角形，面积不算太大，约为 40 平方米，中间有个天井。房子的主人是张荣森老先生，他祖籍南京，先后在多地盐务公署、烟酒公卖局、县知事公署任职。受辛亥革命和大革命的影响，张荣森开始接受民主革命思想。1933 年，张荣森遭他人陷害，被关押在江宁、苏州等地。在狱中，他结识了陈独秀等共产党人，接受了进步思想的洗礼。

1937 年 12 月，南京沦陷，侵华日军的暴行激起了张荣森的爱国热情。在抗日民族统一战线思想的影响下，张荣森认识到只有共产党才能救国救民，于是抱着“成不居功，败宁受祸”的革命信念，积极支持两子一女加入中国共产党，投身抗日战争。自1927年至1934年，他和儿女们通过报刊和其他渠道多多少少知道中共南京地方组织先后遭受的数次大破坏，许多共产党人牺牲在敌人的枪口或刽子手刀下，深为共产党人的大无畏革命气节所感动。

1941年，在汪伪中央大学读书的张杰（鲁平，张荣森的长子），受抗日民族统一战线思想的影响，在父亲的支持下，义无反顾地参加了党的外围组织“青年救国社”，在党的领导下开展了轰轰烈烈的“倒樊运动”和“清毒运动”。由于表现突出，1942年上半年，张杰加入了党的组织，隶属中共路西特委南京特别支部领导。1944年6月，根据斗争需要，中共南京工作委员会（前身为南京特别支部）领导调往根据地后，成立两个中心支部，张杰负责中心支部的联系和领导，时有党员50余人（属苏皖区党委系统）。

为发展中华民族抗日统一战线和日伪统治中心南京党的工作，1945年1月，苏皖区党委委派新四军第六师干部方休同志为特派员来南京开展工作。由于当时的南京实施严格管控和治安管理，规定“客栈无保不准住，民房无眷不准租”，方休一时无法在南京立脚。得知消息，张杰于当年4月间赶到江宁县，与方休接上关系，接他到磨盘街42号落脚，并以此处为联络点，组织地下党员与汪伪当局斗争，迎接抗日战争的胜利。

抗日战争胜利后，根据南京地下组织的安排，刚从中大毕业的张杰开始从事工人运动，深入到在工人集中地区，组织各种联谊会、互助会、同乡会等，利用合法的形式，团结和教育工人兄弟，认清国民党制造内战、压迫工人的反动本质，从生活问题入手，领导工人同资本家和反动当局斗争。

1946年4月，陈修良受中共华中分局委派，来南京组建新的中共南京市委，统一领导中共在南京的几个系统的组织。

陈修良时年38岁，是个老资格的共产党人，她是浙江宁波人，1926年加入共青团，1927年5月在武汉转党，并任武汉市委宣传部部长向警予的秘书，1928年赴莫斯科中山大学学习，后在苏北抗日根据地任《新华日报》（华中版）总编辑，担任过华中局党校总支副书记等职，1945年10月，在六合领导南京地区党的工作，任中共中央华中分局城工部部长。随着形势的发展变化，设在六合解放区的领导机构越来越不能适应工作的需要，1946年4月，华中分局决定撤销南京工作部，建立新的南京市委。

4月下旬的一天，在方休的引荐下，南京市委决定将磨盘街42号作为市委活动地点，并召开了成立后的第一次会议。当天，市委书记陈修良，副书记刘峰，委员朱启銮、方休、王明远等参加会议。这次会议对南京市委组织机构做了具体分工：陈修良负责全面工作，并领导情报系统；刘峰协助陈修良的工作，并领导工人工作；王明远负责学生工作；朱启銮负责公务员工作；方休负责领导店员和大、中、小学教师工作。

时任中共南京市委书记的陈修良在接受南京市委党史办有关同志采访时回忆说："我们到南京后的第一件事就是要召开第一次市委会议，时间在（1946年）4月下旬，是在磨盘街42号张杰（鲁平）家里开的。鲁平的父亲是一个同情革命的进步人士。他一家单门独户，还有一个小花园。我们在他家后院开会，十分安全。会上，我传达了华中分局城工部交给我们的任务：统一南京各个党组织，为建立和平民主新中国而奋斗，争取同国民党合作，召开全国性的国民大会，市委的工作要配合中共办事处的政治活动，发动和组织广大群众拥护党的和平民主方针，反对内战和独裁，在群众运动中建立党的组织，发展党员。"

作为国民政府首都的南京，敌特军警错综复杂。为了防范时局变化时，国民党可能采取的残酷镇压，南京市委组织十分严密，市委不设机关，干部职业化社会化，立足于群众之中。各部门也没有固定的工作机构，实施垂直领导，各系统间彼此一般不发生横的关系。特别是情报部门，由卢伯明负责，陈修良单独联系，情报全送上海中共办事处刘少文处或华中分局。市委在加强学生、工人系统工作的同时，发动和组织广大群众反内战反独裁。在临近南京解放时，深入开展了反搬迁、反迫害，护厂、护校，里应外合迎接大军渡江的斗争。

据有关资料，自1946年下半年至1948年年底，磨盘街42号作为中共南京市委的秘密联络点，从这里发出了很多重要情报，包括1948年敌人破坏学生运动的计划和大逮捕的黑名单、1949年《长江北岸桥头堡封港情况》等绝密资料，为保护革命力量、配合大军解放南京提供了直接帮助。

在陈修良、刘峰的坚强领导下，南京党组织不断壮大。至1949年4月，市委由刚组建时的200多人发展到80个支部，约2000名党员，下设有学生、工人、小教、公务员、文化、警员、银设业、店员、中教共九个工作委员会和情报、策反两个组织系统，并领导镇江工委和芜湖等支部。1949年5月1日，新的南京市委成立，中共中央决定重组南京市委，刘伯承同志担任书记，陈修良同志担任组织部部长。

至此，磨盘街42号完成了地下党秘密联络站的使命。

值得一记的是，磨盘街42号的主人张杰，在掩护市委领导的同时，根据工作安排，在解放战争中继续参与南京工人运动的领导，不顾个人和家庭的安危，经常深入到南京被服厂、下关电厂、下关码头和公用事业等单位开展工作。在解放军渡江战役即将到来之时，他不仅做到负责的电厂、水厂设备完好无损地全部交到人民的手中，而且保证了在南京解放期间没有停电一分钟。

21世纪初，随着改革开放的步伐，南京市政府对这里进行了大规模的建设与改造，如今，磨盘街38—42号均成为南京市钓鱼台小学的一部分。钓鱼台小学始建于1931年，曾几度迁址，几易其名。初为南京市第四民众学校，后改名为南京市第四区保国民学校，1949 年定名为南京市钓鱼台小学，1952 年定址钓鱼台 147 号。2013 年 9 月，钓鱼台小学原址扩建完毕，学校占地面积增为 6600 平方米，建筑面积 8600 平方米。风格典雅的教学楼，秀美玲珑的校园景观，高速互联的校园网络，充满文化气息的校园环境，立体折射出了学校深厚的文化底蕴。配套设施先进的现代化学校，微机室、音乐室、数字化星球实验室、梦想教室、安全体验室、图书馆、少儿电视台、多功能报告厅等功能教室一应俱全。

为利用好红色资源，加强青少年思想道德教育，钓鱼台小学在扩建翻新时建造了一座碑墙。碑墙记录了当年众多中共地下党员为了人民解放事业做出的艰辛努力。钓鱼台小学把这段革命历史作为学校的起源，将“尚勇”作为校园特色文化，激励师生传承革命精神、赓续红色血脉，为实现伟大的中国梦而奋斗。

【城南旧事】

谢灵运乌衣之游

王经强

谢灵运（385—433），陈郡阳夏（今河南洛阳）人。祖父谢玄为东晋名将，生有独子谢瑍。谢瑍生得有些呆头呆脑，很难担当重任，只能凭借家族声望获得秘书监职位，后娶丞相王导之孙王献之的外甥女刘氏为妻。东晋太元八年（383），谢灵运的叔祖谢安运筹于千里之外，先锋谢玄率领北府兵，以少胜多击败前秦苻坚80万大军，取得淝水大捷，保住了东晋半壁江山。由此，谢氏家族臻于鼎盛，谢安封庐陵郡公、谢石封南康县公、谢玄封康乐县公、谢琰封望蔡县公，一门四公，与同居乌衣巷的琅琊临沂王导家族并恃，俱称一流士族。

太元十年，谢玄的老朋友、钱塘（今杭州）道教徒杜师明梦见有人从东南方向来，当晚谢玄的孙子在会稽始宁县（今浙江上虞、嵊县境）谢府呱呱坠地，全家人希望这孩子给家族带来更兴旺的运势，遂取名灵运。他就是日后成为中国山水诗开创者的谢灵运。

谢灵运生下来不出旬日，谢安去世，不久父亲谢瑍也撒手而去。祖父谢玄数度上表请求解职归里，并于太元十二年回到会稽始宁，他见到三岁的谢灵运非常聪慧颖悟，高兴得逢人便说：我乃生瑍，那得生灵运！

太元十三年，谢玄去世，一门中只留下灵运一根独苗，家人觉得子孙难养，生怕养不大，于是按照浙东有寄养于人、以求消灾避难的习俗，将灵运寄养到杜师明的学馆。隆安四年（400）

浙东发生孙恩之乱，会稽成了兵燹之地，谢氏族人纷纷转移到建康，15 岁的谢灵运也随之回到乌衣巷谢宅，故名客儿、阿客，后人习称其“谢客”。

此时乌衣巷的核心人物是谢安之孙、谢琰之子、谢灵运的从叔父谢混（？—412）。谢氏子弟大多仪容秀美、风神不凡，曾直接受过祖父谢安熏陶的谢混尤其标致，当时有“谢混风华，江左第一”之称，后来代晋称帝的宋武宗刘裕曾不无遗憾地说：可惜后生已无缘见到谢混风流！谢混约在 20 岁时娶了晋孝武帝的女儿晋陵公主，成为驸马。晋元兴元年（402），桓玄率军攻入京师，自任丞相，欲将乌衣巷谢安旧宅作为兵营。谢混为之慷慨陈词：召伯（周宣王时贤臣）仁爱，后人爱屋及乌，连他的甘棠树都不忍砍伐；我祖父的功德，难道连五亩之宅也保不住了吗？虽然桓玄放弃了原先的打算，但此事也反映了谢氏风流高光时代将成为过去。谢混更加珍视祖上的旧泽，于是有了与亲侄们的“乌衣之游”，有诗“昔为乌衣游，戚戚皆亲侄”。

在乌衣巷，谢混与十多个侄子饮酒清谈、赋诗作文，或外出游乐。谢氏子弟多有封爵，如谢灵运七岁时就袭封康乐公，食邑二千户，故谢氏子弟出游之日，车马喧阗，京城中人一见这支华丽的车队，就知道是谢家子弟过来了，于是称之为“乌衣之游”。在十多名侄子中，谢混最喜欢的是谢瞻，有神童之称；谢灵运，聪颖、早熟、博览郡书、精通玄理、兼通佛学；谢晦，谢瞻之弟；谢曜，谢万曾孙；谢弘微，谢曜弟。谢混认为这五个侄子是后起之秀，是谢氏的希望之所系，他有责任秉持“雅道相传”的家风，像祖父谢安那样引导少不更事的子侄，使他们了解人世政局的险恶。

谢灵运奢侈成性，爱好装饰一新的车辆和色彩艳丽的装束，又好臧否人物，锋芒毕露。谢混对他的评论是“阿客博而无俭”，并作诗“康乐诞通变，实有名家韵。若加绳染功，剖莹乃琼瑾”警示他。谢混还授意谢瞻挫其锐气。一日，谢灵运与谢瞻同车出游，谢灵运口若悬河对时流人物大加褒贬，谢瞻劝他不要讥评太过：秘书（指灵运父谢瑍）早亡，论者对他也互有异同。谢灵运听了默不作声，从此品评人物的锋芒收敛不少。

义熙元年（405），桓玄之乱平定，晋安帝重回建康，谢混擢升中书令，乌衣之游结束，谢灵运和一众谢家子弟也一个个走出乌衣巷，登上政治舞台。这时，以军功起家的刘裕日渐壮大，渐成代晋之势；而同为北府出身的雄杰刘毅在权力斗争中地位快速上升，渐与刘裕势均力敌。此时，谢氏家族内部的政治取向却不尽一致，谢混判断错误，选择与刘毅结成政治上的同盟，对抗刘裕，并让谢灵运担任刘毅的记室参军；而谢灵运的族兄谢晦等人则拥戴刘裕。两虎相斗的结果是刘毅兵败自杀，谢混下狱赐死。击败政敌的刘裕独揽朝政，但他没有株连谢氏其他子弟，对谢灵运也采取了优容争取的态度，于是谢灵运转换门庭成了刘裕的太尉参军。对权倾一时的刘裕，谢灵运心里是看不起的，刘裕不过是祖父谢玄亲手组建的北府兵中的一名老兵，如今却要向他揖礼，这是违背他心性的。但是，人在屋檐下，不得不低头。

刘裕北伐大获全胜，生擒后秦国主，赢得很大声望，权柄中枢，决断朝政。晋恭帝元熙二年（420），刘裕逼迫东晋末代皇帝禅让，自己做了皇帝，改元永初，史称宋武帝。在东晋的门阀政治中，士族与皇权共治，刘宋代晋后，刘裕排斥门阀政治，选用寒门，伸张皇权，大族凌驾于皇权的时代一去不复返了。改朝换代之始，刘裕就诏命将谢灵运原本是康乐县公的封爵降为县侯，食邑也由原来的二千户减为五百户，谢灵运只能写下《谢封康乐侯表》，明为谢恩，实为泄愤。南朝宋永初二年（421），宋武帝刘裕在覆舟山的皇家园林乐游苑西池举行大型宴会，谢灵运陪同新朝皇帝饮宴，作诗歌颂刘裕“恩德深广”。

时随世转，谢灵运意识到必须寻找新的政治靠山。于是，谢灵运进入了刘裕次子刘义真的政治小圈子。刘义真喜爱文学，与谢灵运志气相投，但他为人轻浮好动，志大才疏，却野心勃勃盯住皇位，在谋划篡位之初，他就预先封官许愿：待我当上皇帝，当以谢灵运为宰相，颜延之为辅佐。很快此言传了出去，刘裕为身后计，当机立断下诏将刘义真调离京师，任豫州刺史，这个政治小集团随之瓦解。不久，才做了三年皇帝的刘裕病逝。在以后的宫廷政治斗争中，刘义真被杀，谢灵运也被朝廷顾命大臣徐羡之以“煽动人心，非毁朝政”的罪名，贬为永嘉太守，赶出京城。

谢灵运政治上失意，便转而走向佛理、山水。对这一点，唐代大诗人白居易在《读谢灵运诗》中说得十分中的：“壮士郁不用，须有所泄处。泄为山水诗，逸韵皆奇趣。”谢灵运来到永嘉后，肆意遨游，遍历诸县，一走就是十天半月，民间诉讼等一应政务全部置于一旁。有一次，为寻山水的美质，谢灵运不惜兴师动众，率数百人从始宁伐木开道，直到临海一带，结果惊动了临海太守王琇。王琇以为是遇到了山贼，急忙率领军队，前往抵御，近前一问，方知是大名鼎鼎的谢灵运，这才放下心来。

谢灵运在永嘉太守任上一年，便称疾去职，回到会稽始宁祖宅。他除了修治始宁庄园，便到处游山玩水，啸傲风月。他登上秀丽的瞿溪山，攀登耸入云霄的白石山，爬上重峦叠嶂的岭门山，月夜泛舟瓯江，一片孤帆直抵沧海，每到一处，皆有诗作，借山水加以导泄，山水诗的创作达到了高潮。谢灵运每每有一首诗作成，便很快流传到建康，一夜之间，就在士人和百姓间流传开来，人们都十分钦慕谢灵运的才华。谢灵运的名声轰动京城，诗人们纷纷效仿“康乐体”，一时作山水诗蔚成风气。谢灵运同时代的诗人鲍照评价说：谢五言（指灵运诗）如初发芙蓉，自然可爱。谢灵运的山水诗给人以清新的感觉，一扫西晋以来诗歌枯淡无味的玄言风气。梁代的钟嵘在《诗品》中将其列为上品，并给谢灵运冠以“元嘉之雄”的桂冠。谢灵运开创了中国山水诗的先河，被誉为山水诗的鼻祖。

元嘉三年（426），朝廷政局发生变动，宋文帝刘义隆坐稳帝位后，杀了徐羡之等权臣，征召谢灵运回京，这多少也有给谢灵运平反的意味。谢灵运自以为出身名门大族，又是当代名人，具备很高的政治才能，应参与朝政，对回京城后的期望值很高。但宋文帝只让他任秘书监的闲职，让他撰写《晋书》。不久，谢灵运看出宋帝重用的是王华、王昙首、殷景仁、谢弘微等左右旧臣，论门第、论出身，自己远在王华之流之上，却只是当个文人看待，不免心生怨气，遂经常称病不去上朝。宋文帝见他露出不平之意，将他提拔为侍中。谢灵运的诗书兼称独绝，每一诗出，挥毫写就，宋文帝爱不释手，称为“二宝”。但谢灵运依然故我，甚至不请假就多日出京远游。王昙首等人提议免掉谢灵运的官职，宋文帝不想让谢灵运下不了台，让他自请解职，回会稽始宁休养。

谢灵运重回会稽后，与族弟及文坛名士聚在一起，酬应唱和，共为山泽之游。不过，谢灵运虽屡屡发现山水的美，但并没有融入其中，只是借山水以抒忧郁，这是谢灵运性格浮躁轻狂、恃才傲物所致。新任会稽太守孟顗在政治上与谢不属同一派系，在佛理上观点相左，谢灵运持“顿悟成佛说”，孟顗则崇奉“渐修成佛论”，谢灵运曾当面奚落孟顗：得道须有慧业，你升天当在灵运前，成佛必在灵运后。话说得尖酸刻薄，孟顗怀恨在心。

谢灵运要开拓祖辈留下的始宁庄园，他向朝廷要求将会稽城东的回踵湖赐给他，以决水为田。宋文帝令孟顗酌情处理，但孟顗坚执不允。谢灵运不得已又要求取始宁县内的岷煌湖，孟顗仍不答应。两求皆不得，谢灵运“言论毁伤之，与顗遂构仇隙”。孟顗见谢灵运经常兴师动众，闹得鸡犬不宁，便上书朝廷，告他心怀异志，意图谋反，同时派遣军队严加防范。谢灵运得知孟顗欲置他于死地，星夜驰入京城，上书辩白。宋文帝清楚他是被诬告，故对他没有予以深究，也没有让他再回始宁，而是改派为临川内史。已经47岁的谢灵运到了临川任上，越发感到仕途无望，对“才高参机要”的人生目标已彻底绝望，心中常怀一股不平之气，更加放纵自己，依然像在永嘉时一样肆游山水，不理政务。结果被监管官员弹劾，朝廷派员到临川拘捕他。谢灵运一怒之下，便“兴兵叛逸”，反而扣押了来人，并写下一首反诗，以明其志：“韩亡子房奋，秦帝鲁连耻。本自江海人，忠义感君子。”谢灵运一介文人，与朝廷对抗，无异以卵击石，很快就被擒获，押往京城。谢灵运谋反有言论、有行动，铁案如山，论刑当斩。但宋文帝爱其才，认为他不过是一个疏狂文人，掀不起什么大浪，加之考虑其祖父谢玄的功德，同时也不想过分刺激谢氏子弟，便宽大为怀，降死一等，从轻发落。流徙广州监管。此后不久，官府拘捕了七个形迹可疑的人，其中一人供称：谢灵运犯事徙广州，一名同党要他们参与劫取谢灵运，然后聚众谋反，因图谋未成，遂流落为盗。事实究竟如何，不得而知，但案情却很快上报朝廷。宋文帝虽将信将疑，但也不想再袒护谢灵运了，于是下令在广州将谢灵运就地处死。临刑前，谢灵运提出一个要求，希望将他一把富阳刚之美的大胡子剪下来，施舍给南海祇洹寺，安在维摩诘罗汉像上。他又作了一首绝命诗，诗的最后两句是：“恨我君子志，不获岩上泯！”他终因无法忘怀政治，目无朝廷，行止轻薄，被诬谋反而上了断头台，时年 49 岁，成为一个悲剧性人物。

谢灵运死了，但他所开创的山水诗却以巨大的生命力崛起于文坛。到了盛唐，王维、孟浩然则将山水诗推向更高境界。诗仙李白收到一个朋友送的一件衣服，上面绣着五朵云彩，飞动多姿，李白因谢灵运的诗句产生了种种美丽的联想，写下了“顿惊谢康乐，诗兴生我衣，襟前林壑敛暝色，袖上云霞收夕霏。”诗人是说，我一下子惊奇了，我感觉到了谢灵运的诗情涌动于这绣衣的图案中！你瞧：那不是一座蓊郁的深谷里，正渐渐敛去夕阳的余晖吗？那不是一片流转的云霞，正悄悄沉浸于傍晚的安谧吗？李白将谢灵运恒久地化为衣服图案了。

颜料坊的故事

邹大耳

“十里秦淮，六朝金粉。”秦淮河两岸的明清民居群承载了南京的历史。明朝初年，朝廷曾从全国各地调集了四万五千手工业匠户，约二十万人，将他们集聚在金陵城南部（也就是现在的南京市秦淮区），进行手工业生产，以繁荣市场，为军需民用提供必需。随着手工业发展，从业者增多，久而久之形成了著名的明“金陵十八坊”，如木匠坊、油坊、踹布坊、白酒坊、铁作坊、银作坊、铜作坊、弓箭坊、织锦坊、皮作坊、颜料坊等。其中位于门西地区，全长不足一里路的颜料坊，不仅是生产颜料的作坊，也是销售颜料的市场。中山南路颜料坊地块，北至洋珠巷，南至集庆路，东至中山南路，西至内秦淮河。而今，颜料坊等街巷，已成为仅存于文字的古街巷名了。

颜料坊呈南北朝向，南路口接三坊巷（民国时更名长乐路），北路口接彩霞街。《正德江宁县志》：“颜料坊在草鞋街东（即古西市），东接铜作坊”。南京方言读草鞋街为草儿街，《白下琐言》载：陡门桥南有草鞋街，此街后被讹为彩霞街，为区别于小彩霞街，故名大彩霞街。相传明清时，高官贵族人家红白喜事，用花轿、亭台、仪仗、服装较多，五彩缤纷，这一带出租婚丧用物较多，故名彩霞。又传明洪武年间，有一只凤凰飞进此处，向东南飞去，凤凰的羽毛在阳光照射下，更是耀眼夺目，就像是飞过一片彩霞，故名彩霞街。另据《白下琐言》，小彩霞街聚峰园中有太湖石“头锐旁张，作款款点水之势，名曰‘飞燕投湖’”，透、瘦、皱三者齐备。与颜料坊相交叉的南北向道路为中山南路，虽被称作路，在90年代前一直只是巷子，还没有颜料坊宽，据说解放前夕已有规划拓宽，但后来一直未动工。过去这段路有三个名称：从升州路到洋珠巷口称铜作坊，从洋珠巷口到颜料坊口叫铁作坊，从颜料坊口到新桥叫丝市口，又称为三坊巷，即铁作坊、银作坊、铜作坊。“文化大革命”时改名人民南路，后恢复旧名，统称铜作坊。20世纪90年代拓宽马路时，原来铜作坊和铁作坊一段被拆除，丝市口的北段还在（丝市口南段在长乐路拓宽时，已归集庆路）。这个十字路口是一个小商业群，有食品店、豆腐坊、理发店、裁缝铺、鸭子店、茶炉子、小人书出租摊、烧饼店等，门面都不大，由于靠近新桥菜场，一直是个热闹的小中心，生意还算不错。记忆中的供销合作社“红房子”有大几十平方米，红砖盖的“洋房子”，算是个最全、最洋气的小百货店了，也是地标性建筑。

颜料坊的故事，就从那巷口门里韶起吧。

20世纪60年代末，人们并不富足，平日里有一个小荤菜，一星期能开个大荤，是大多人家的奢望。我父亲算是个干部，月工资90元左右，母亲与大哥（大我八岁）均是在职上班。那年代“二八大杠”（“永久”牌）、缝纫机（“蝴蝶”牌）、手表（“上海”牌）、收音机（“熊猫”牌）并称为“四大件”，都要凭专购票，及工业券数张才能购买，而我家那时就都齐全了。家中虽不算富足，但可谓殷实。在那个凭票供应的时代，奶票是最难得的票证了，有钱有需求还要有特殊批文才行。而我每月尚有20瓶牛奶吃，已是很高待遇了。尚记得，牛奶不是如今这样送上门，而是自己去集庆路与钓鱼台路口一朱姓家取。此朱老先生孙女恰好后来与我是同事。

颜料坊南路口儿有一豆腐坊。80年代初，此地由街道开设一馄饨店，安排一些1980年前后高中毕业人员暂时就业。北路口也有一豆腐坊，此坊叫“王兴隆”豆腐店。解放后门牌是颜料坊103号。这王家的故事，更加坎坷波澜。世上三般苦，撑船、打铁、磨豆腐。此时暂不表，留待下再言。

东南巷口颜料坊2号，是花老板家，花家老虎灶（老南京人叫茶炉子）位置四通八达。街坊邻里日常洗涤用水大多是井水，水井在街坊大院里不少。这平日里的井台，也是一个摆龙门阵的地方。饮用水基本不用井水，故附近百户人家要从花家购买水。可用水瓶打开水，亦可借用木桶挑自来水回家，装大水缸中备用（小水缸中备用井水）。我家中用水皆由我大哥挑担，难得有急需时，我就与小妹二人抬水。当年热水瓶只有那一种规格，一瓶开水一分钱，如果买“筹子”（用竹片制成，上面用火钳烫一个记号），一毛钱可以买十一个筹子，一个筹子当一分钱用，买一毛钱筹子可以多充一瓶水，因此多数人家都是买筹子充开水。从这一点看和现在一样，可谓买十送一的优惠。没几年我们院里也装上了自来水，四家人共用。当年大部分人家依然未用上自来水，故花家生意依旧红火。

颜料坊13号是印刷厂，在浴室南面巷口边。这幢高六米多的平房，街面门脸宽若八米的样子。进入里面却很宽大，从房屋结构看肯定不是民居。20世纪40年代出生的人会记得“大跃进”时这里办过食堂，后来成为一家街道工厂，80年代曾是南京鼓风机厂的一个车间。对面有个小烟杂店，由王姓老夫妻俩经营，生意挺不错。

再向南走不远，有一家夫妻开的理发店，老板打扮时髦，后搬到路口豆腐坊对面。理发手艺不错，可剪所谓的西装头，可吹风、抹头油，就是价高点。有小孩编顺口溜：王德发，王德发，剃头洗头一毛八。一般小剃头摊子，剃头洗头只要八分钱。在巷口烧饼铺院里，有一老者剪头不洗头只收五分。

颜料坊19号是个百年洗澡堂子，叫“玉清池”。全国叫玉清池的浴室可谓数不胜数，然而，要说到历史最悠久的玉清池浴室，除了天津的老玉清池外，就得数南京城南的玉清池了。好泡大池子的老城南人，个个都知道这座建于清光绪年间、原名玉兴池的老浴室。它为几代城南人洗澡，提供了一个好场所。洗澡堂十点开门，店里一老伙计，只要他在班，无论何时去，我都不必排队，当然，依旧还是要买澡票的。家里新买的竹床，找他放大池里煮下才好用。你道他为何如此帮衬我一个小屁孩呢？因为，我借他看报纸《参考消息》。那时，这报纸可不是一般人能读到的。

浴室男宾在楼下，女宾在楼上。男宾室分普通一毛和贵宾一毛六两种。普通室床位短小，床床相连，床间无茶几，人只能半坐半躺，人多排成长队时，伙计一直在催赶紧穿衣走人。贵宾室床位长，床间有茶几，可泡上一壶茶休息会，完全可以躺平身子。卫生环境好，服务态度也好。

原来浴室并不临街，浴室的大门在一条长约20米的巷子里，顺着浴室外围，穿过民居院落可通到颜料坊南面的巷子——牛市。60年代，浴室扩建，大门改开到了街面上。浴室的北边也有一夹巷绕到浴室后面，小时候我每天携妹妹去上牛市幼儿园，就从这浴室北边巷子过，巷子两头依旧有一米宽的木门。原浴室大门边，后来搭建有一简单棚房，住有三代人。当年他们家还是点煤油灯，老太太喜欢下象棋，她孙子李幸（乳名龙龙）是我妹妹的同学。我常去与老人家对上二局。

每到傍晚，各家各户就把竹床搬到院子里来，院子不够放，就放街道两边。屋子里热得怕人，就把饭菜端到外面的竹床上吃。那时没有电扇，只有芭蕉扇。家里条件不好的尚不能人手一把，心灵手巧的人便用纸糊做成各种扇子，用以呼风纳凉。当时，有顺口溜“夏天天气热，扇子借不得，都是好朋友，你热我也热”。此时井水可派上了大用场，打点井水浇一遍竹床，就能凉快许多。男人、男孩子们用井水冲凉，也用井水冰镇西瓜。晚饭后，大多数时刻就是坐在竹床上乘凉，要么和同伴玩游戏，要么听大人们闲拉家常。虽然当时物质生活水平不高，可那时的小孩子真的无忧无虑，亦无学习压力，自做玩具、自编游戏，真正是快乐而幸福的童年。

过了浴室向北走，经过一座有木栏杆的二层楼房，就到了27号“味雅”。这是一家卤菜腌腊商店，集加工场、仓库、办公区于一体，偶尔也对外买卖，方便周边居民。记得传达室有部电话，偶有电话来寻找左右邻居，值班师傅也热情代传叫。主店的门面是在三山街，南面巷口也有个门市部，专供一些鲜肉（肥肉比瘦肉要贵）、猪油（凭票排队买，也有人家不舍得吃，用票私下卖钱）、熟食等。母亲就买过鸡鸭肋，俗称鸡鸭架子，因为便宜，“食之无味，弃之可惜”，可母亲依旧能吊熬出有味道的高汤来。还有就是冬天买回肉皮煮熟，剁碎呈肉泥状，再加水熬制，放到室外一夜，第二天成肉皮冻，再切成片、块，吃法随意，可蘸料、煮冬瓜汤等，美味至极。

在浴室和“味雅”一段的对面，基本都是民居，但从临街房子的样式看，以前多为门面房。有鸡毛掸子小厂和锡烟嘴小厂等。

城南大院子特别多，几乎一家挨一家。我们称这类民居为“门里头”，意思是在一个大门里进出的邻居，当和别人谈到街坊邻里时，就说：“诶油，那是我们门里头人唉。”显得特别亲切。

颜料坊29号也是个大院子，天井中有一口水井，可供左右邻里洗用水（自备水桶）。所有大院子都有井台，有的大院子每进都有一个井台。这里也是门里邻家拉家常、聊八卦消息的社交场所。

颜料坊31号是个制红木箱的小作坊，夫妻俩专作大红木箱供新婚家庭用，很是喜气。颜料坊33号是周氏裁缝店。这两家都是前店后住，连家式店，前后二间房。每间面积十平方米内。房后是29号大院内土院子，大约也就40平方米空地。1969年冬“深挖洞”的时候，几乎所有有土院子的门里头，都挖了一个防空洞，这也是当年防空需要。过了有年把时间，还是填平了。防空洞用的红砖，是邻里人自己动手拖泥土、打模、拉坯、制作、晒干的，一切自力更生。

颜料坊35号住有四户人家。前进南住有王姓一家，女主姓包，生有一女二儿。北住有贡姓一家，女主姓袁，生有二女二儿。贡伯伯夫妇在解放前就做盆桶类生意，后入社在对门南京原木厂上班。老三贡明生是人民教师，曾在多所小学任教，后任颜料坊小学校长。当年一部电影让“向阳院”遍布全国，成立向阳院时，贡老师在大院门额和两边，写上了漂亮的美术字并画上了美丽的图案。我当时约13岁，也喜欢画画，随其身后帮忙打打下手。后进南住有邹姓一家，女主姓刘，生有二儿一女。老二邹大耳就是我。北住有曹姓一家，女主姓薛，生有二女二儿。曹伯在兰州工作，只有过年才回来，薛妈妈在颜料坊的向阳糖果食品厂上班。老二曹伟义多才多艺，会画画、拉二胡、剪纸、摄影等，据说后在文化部门退休。35号门对面是盆桶社，后来改名为南京原木厂，我常站在工厂窗外看工人车木。那时，厂里进原木板，都堆在小街边厂间窗外。许多大人小孩都去剥树皮，用树皮、刨花烧炉灶实在不错。木器厂也算废物利用，造福邻里。木器厂大门口是块难得的平空地，每每晚上小孩子们在此玩抽地陀螺，最大的陀螺竟有十几公分。

原木厂在20世纪80年代后改为交通电器厂。原木厂旁是颜料坊46号，也有一条很短的巷子折向原木厂的后面，里面都是民居，穿过这些民居可通铜作坊。巷口左边是原木厂一烘烤弧形桶木板条的大灶台，贡伯伯的工岗就在此。紧靠46号小巷的是一家前店后坊的“道生酱园”，远望去只见一个大大的“酱”字写在门口墙上，几乎占了整整一面墙。这也算是最早的广告墙了。此店打酱油、卖小菜，店面不大，有一长条木制柜台，店后面是一个大院子，放着几十口大缸。那时大部分酱菜都是称过重量以后用荷叶包起来零买。但是买菜油、醋、酱油（城南人叫秋油）等只能自带油瓶、坛罐等。伙计用端子从坛子中提出来倒入漏斗流入瓶罐之中，端子一般由大小不一的竹筒做成，一端子分为一斤、半斤、二两、一两不等。端子就是提子，一种液体的量器。那时零打酒，也是用这种端子。《警世通言·俞仲举题诗遇上皇》："酒保见说，便将酒缸、酒提、匙、箸、盏、楪，放在面前。"陈永春《杂记北平》："再就是那套紫铜'漏斗'，其余是几两装的几个竹制'酒提'。"家中买酱菜、打酱油、打酒都是小孩子的事。1955年，"道生酱园"被并入秦淮区副食品工厂，其址后归原木厂。

我家隔壁是颜料坊37、39号大院，与牛市54、56号相连，颜料坊47、49号大院与牛市64、66号相连。这类前后门跨联在两条街，院落少则四进，多达六进，从门楼台阶与规模上看，从前住着的都是大户人家。37号与39号两个门牌的院子也是相通的，算起来住了40户人家。

颜料坊43号处有一段长近百米的小巷，颜料坊居委会设在这条小巷口左边大院的一间民房内。我曾从木器工厂借来板车，从这巷子到牛市街北头的煤基店拉蜂窝煤基。那时，碎煤也要攒着，可用来换取同等重量的煤基或煤球。

现保存并完成大修的颜料坊49号——牛市64号文保建筑，青砖黛瓦，有着精美的雕花门楼。只是现已失去原有风貌，和周围新建的仿古建筑相比，这座古建筑显得矮了一截。周围路面比房屋高出一米左右，要下几级台阶才能走到牛市64号门口。墙面上嵌着"秦淮区文物保护单位"和"南京市文物保护单位"两块文保标志牌，以及一块文物说明牌。这座古民居是清代建筑，原本是道光年间一个秀才的住宅，曾开过绸布货栈，前后六进，体现出南京古街市、古民居前店后坊、前店后宅的典型建筑格局。

1988年，风靡一时的电视剧《秦淮人家》正是在这个院子拍摄的，它把市井人家原汁原味、家长里短的生活，真实地呈现给了观众。

颜料坊的“抗大中学”校址，以前是民办弓箭坊小学。解放前是座私人的耶稣教堂,堂主是一个叫汪洋(谐音)的山东籍神父。他讲起《圣经》来中气十足，语调磁性悠长。当时每逢做礼拜时，礼堂大门大开，什么人都可进去，坐在大长椅上，前面椅子背后有一个书架，内有三本书，有一本是《圣经》。讲经讲到哪里就叫大家翻到那一页，有时候还有唱经班的女孩子来唱经，就是把《圣经》里的词句用歌声唱出来，同时还有女老师弹风琴伴奏。颜料坊耶稣堂当时也办了一个幼儿园（一个班）、一个初级小学（一、二年级各一班），名字叫“新义小学”。

解放前夕，神父老婆带着孩子逃到美国去了。神父后来和原在新桥菜场踩三轮车的一个同乡（教友）结婚。神父自被迫从教堂迁出后，在颜料坊中段（战斗鞋厂）右边苏名洋西医诊所蜗居。80年代后，曾有汽车接送到莫愁路教堂做礼拜。此人身高至少1.8米以上，身着灰色中山装，外披一件黑色红底衬的披风，依旧风度翩翩，使人敬畏。

大致在1964年前后，这里变为民办的弓箭坊小学（因已有颜料坊小学，只能用邻近的巷子取名），“文化大革命”中更名为“抗大中学”，后又成为南京市教卫系统党校。

南京向阳糖果食品厂在颜料坊中段60号，“抗大中学”对面。原是“公大祥”蜜饯厂（后并入南京果品加工厂）和秦淮糖果食品厂（“文化大革命”时更名向阳糖果食品厂）。这里是所有孩子们都喜欢的地方，我曾经在这里学工，包过糖果。这里生产的产品品种多，有桃酥、月饼、蛋糕、小金果、蜜三刀等。单糖果品种就有桂花酥心糖、香兰奶糖、喜庆奶糖、果味丝光糖、蜜月糖、芝麻酥心糖、什锦蛋白糖等，在南京名气很响。

颜料坊66号，刘顺兴盆桶店大门口正对通向牛市的童子巷，与金家陶瓷店门对门。据说颜料坊的盆桶店发展的巅峰时期是抗战胜利后，1945 年到 1952 年，整条颜料坊有盆桶店八九家，盆桶修理的小店有四五家。门里头贡伯伯兄弟几人，以前就是干这行。1953 年颜料坊有几家盆桶店进行了“联营”，有刘家、王家和吴家等。当时在中央商场北区租赁了两间门面，生意兴隆，到了 1956 年公私合营，成立秦淮区木器厂，地址在糖坊廊。

关于颜料坊 86 号则有三种说法。

其一，颜料坊小学在街北，原为一座庙宇，此庙未见记载，老一辈也不知此庙所祀何方神圣，从建筑格局来看，不像是佛寺。20 世纪 50 年代初期在这里开办颜料坊小学，基本都是利用原来的建筑，其中有两栋木结构的楼房，20 世纪 70 年代原来的建筑被拆除，翻盖成千篇一律的教学楼模样。

其二，曾是南京著名的藏书楼“艺风楼”所在地。艺风楼是清朝缪荃孙所建。

缪氏应两江总督端方之聘，创办江南图书馆。其时，四大藏书楼之一的钱塘八千卷藏书楼因楼主丁氏家道中落，欲将所藏善本书卖给日本岩崎氏的静嘉堂文库。缪荃孙在端方的支持下，急筹七万三千元巨款亲赴杭州，终将已卖出的藏书全部赎回。光绪三十三年（1907），八千卷楼藏书六十万卷分三批陆续运至古城金陵，暂储书于戚家湾自治局内。后在清凉山附近前任两江总督陶澍所建的惜阴书院旧址建楼，将八千卷楼藏书入藏其中。但也有资料显示，八千卷楼藏书曾存于“艺风楼”，也就是后来颜料坊 86 号颜料坊小学所在。楼拆迁时，这些图书被上海图书馆和北京图书馆分得。

夏仁虎《秦淮志》说：“江阴缪太史荃孙主讲惜阴书院，移家金陵，买宅于饮虹桥西，结艺风楼，藏书其中，今归夏氏。”另据王东培《里乘备识》：“江阴缪小山荃孙，喜藏书，在颜料坊购李氏宅，筑艺风楼三楹。缪避难去上海，楼中书籍亦随以去。

久之，宅又易姓。今为夏博言、梅叔昆玉住屋，而艺风楼实梅叔憩息之所。”卢前《冶城话旧》：“先生（缪荃孙）居金陵久，故宅在颜料坊，身后藏书略尽，诸子多穷困，并此宅亦不能守。此宅今归篆枚堂夏氏，正宅仅四进，后进有楼，而旁宅并有楼相连，南京俗所谓跑马楼者是也。”

据此可知：缪氏“艺风楼”确实在颜料坊，此处旧为李宅，缪氏离开南京后归夏氏所有。但此夏氏所指，亦有可能是夏仁虎亲戚辈。“今为夏博言、梅叔昆玉住屋，而艺风楼实梅叔憩息之所”。不知夏博言、梅叔何许人也。“此宅今归篆枚堂夏氏所有”。这夏氏或是诗人夏塽，存有《篆枚堂诗存》。1921 年夏家开设私立学校即颜料坊小学，有 1950 年南京市立颜料坊小学毕业证，证上校长为夏澂琬，就是夏仁虎侄女。这其中有无瓜葛或有什么联系且不得而知。

其三，颜料坊 86 号是我国近现代著名学者、国学家夏仁虎的故居。在老城南的眼里，与南捕厅的甘家大院相比，无论是建筑规模还是主人的知名度，夏氏故居均毫不逊色。夏仁虎的儿媳林海音，曾凭借文笔优美的《城南旧事》等蜚声海内外。

2001 年，夏仁虎的孙女，即林海音的女儿夏祖丽来到南京。她在文章里写道：“我们一出火车站，祖灼堂兄就给我一本夏仁虎著的《秦淮志》，以及一张夏仁虎手注的玄武湖图。”她还来到了南京图书馆古籍部，找到了夏仁虎 1960 年捐献的南京地方文献和他的著作。“抚摸着那历经长久岁月的陈年书页，想到是祖父当年从书架上取下来捐献的，我像是遇到亲人，感动莫名。”在颜料坊 86 号。她写道：“现在的颜料坊 86 号变成颜料坊小学，当年住过这里的夏家人，多半不在人世。我们在校园中上上下下穿梭，身边围满了穿着粉白夹克，叽叽喳喳好奇的小学生。他们朗朗的欢笑声，萦绕在这座百年古宅的各角落。”可惜的是，2000 年夏仁虎先生在北京的故居被拆除，他的出生地颜料坊的故居也于2007年被拆除。

也有资料提出异议，认为如果颜料坊86号是缪氏艺风楼所在地，就不可能是夏仁虎故居，如果这里原来是夏仁虎故居就不可能是缪氏藏书楼，二者只能取其一。这里是缪氏藏书楼的可能性较大。至于夏仁虎故居，《南京人物志》上说是在九儿巷，此巷距颜料坊很近，出巷口儿穿过马路就到九儿巷了。

颜料坊小学旁应该是88号，以前也是个澡堂子，后来改成会计学校，再后又成为曙光机械厂宿舍。

颜料坊90号，曾是清代南京山西会馆的所在地。是古城金陵所有会馆中数一数二的，且又是一个九十九间半。会馆碑文记载：山西会馆始建于清代嘉庆二十二年（1817），至咸丰年间，频遭兵燹，焚毁殆尽。同治初年，山西乡人毕集，睹形象而伤惨。光绪二十四年重新建造会馆大殿、戏楼、钟鼓楼，历二年始成，复建春秋楼，至宣统元年（1909）添修西院楼房鸳鸯厅等处。1914年，山西会馆在此前重建、复建、添修的基础上又进行了一次全面的大修。《首都志·街道》在颜料坊篇下就注有山西会馆。

“大跃进”后这里成为街道工厂，据老人回忆：山西会馆规模宏大，号称九十九间半，前门是颜料坊90号，后门直到洋珠巷，房屋多得不得了，雕梁画栋，直到日本人来了，会馆才关门。鬼子投降后，过了年把，甘雨巷的华鑫记糖果厂迁到里面开办，解放后又改成糖果冷食厂，后来糖果冷食厂并到鼓楼，里面房屋保护较好，会馆主体基本未动。这与《中国会馆志》记载是一致的。这里曾生产过火柴盒，后来为劳动纸袋厂，再后来改为塑料十一厂。当年，颜料坊小学学生，均在这厂里学过工，组装过儿童摇铃玩具。

再向北走有个便民粮站。当年吃粮是按个人年龄、工种等规定不同的计量，必须凭粮证加粮票才能购粮。因此就有了各取所需，私下买卖粮票的现象。

颜料坊粮站原户主姓陈，街坊邻居称他为“红笔先生”（就是过去法院掌握生死大权的职务）。后来由于家道中落，就把房子先后租给余光中、隋翰英（南京市中医公会常务委员）等开诊所。60年代“上山下乡”运动，陈先生一家下放到沭阳，据说有一年坐船返南京时，船甲板断了，他掉水里淹死了，这家人从此杳无音信。80年代粮站租给了安徽和县白桥一葛姓的老板，开了个食品厂，所生产的食品，据说供应南京十大商场，生意非常好。

粮站隔壁就是开头讲到的王兴隆豆腐店了，门牌号是颜料坊103号。店主王老夫妇生有七子，其中，老二与我哥是同班同学，老六、老七与我妹是同班同学，街坊邻里都称“七牛”。“七牛”实为误读传讹而已，亲戚都知应为“七刘”。原因说来也简单，当年王家连得三子均夭折。后经庙中方丈指点，依托一刘姓人家的姓。所以，再有孩子出生就为“大刘”。就这样“七刘”全都安康无恙。

据传民国初年，在彩霞街菜场位置上原来是一座戏院，后因失火成了一片废墟。于是有人出面集资在这里盖菜场，希望将“草儿街”上的菜农、菜贩引进室内经营，从而改变“草儿街”交通拥堵和脏乱差现象，这种先进管理理念不输现在。菜场北门属小彩霞街，南门在玉带巷，取名为彩霞街菜场，1920年建成开业。这个菜场可能是南京历史上第一家室内菜场。现在的彩霞街菜场，是在原址上重新建造的，楼下是商铺，楼上是住宅。

值得一提的是“三教共一街”。这里的三教非“儒释道”三教，而是上面提到的基督教堂和街北头的清真寺，以及清真寺斜对面的财神庙，庙门开在洋珠巷与颜料坊的交会处，这是南京唯一的一座财神庙。1950年春天，财神庙当家老和尚坐化圆寂了，享年89岁。后来庙里办过长征纸袋厂，最后庙被魏洪兴板鸭店占用了一部分。

大彩霞街、颜料坊周边还有金洪兴鸭子店、魏洪兴鸭子店、马家茶炉子（下午有说书的）、沈四麻子甜食店（公私合营后改名红美甜食店）、陶家肉店、新大烟食品烟酒店（欧家小店）、奚同顺茶食店（公私合营后，改成矮秃佬小百货店，后又改成皮匠店）、姚家剃头店、唐家盆桶店、邵家棺材店、苏家小书店、韩家棕绷店、周家糖坊、苏名扬西医诊所、茶庄、许家烧饼店（许家小儿子许宾是我同学）等，不再尽表。

门西小巷里的民国报人

陆　晖

南京门西钓鱼台东侧，有一条普普通通的小巷，连巷名都没啥个性，以巷口的门牌号码命名，叫作钓鱼台一二三巷。其实，这是一条很有历史的古巷，原名叫侍其巷，相传古时有一户复姓侍其的家族聚居在这里，还出过一些名人。20 世纪 20—30 年代，这条巷子里曾居住过一位民国南京报界元老级人物于纬文，他创办的《新中华报》报社也设在这里。

《新中华报》的创办人

于纬文（1888—1940），江宁（南京）人，民国著名报人、作家，其创办的南京地方报纸《新中华报》自民国初开始发行，直到 1937 年年底停刊，是这段时期南京地区资格最老、发行时间最长的民营报纸。

《新中华报》前身为《明德白话报》，是一份白话新闻小报，由曾益士、鲍醒籁、曹葛仙共同创办于 1913 年 5 月，曾益士为首任经理。《明德白话报》以木刻版印刷，虽然只有 4 开 3 小张，却是南京地区早期极少的新闻报纸之一，当时同城出版的民营报纸还有一个《中华报》，但销量远逊《明德白话报》。

《明德白话报》开办仅两个月，南方各省发起“二次革命”，相继宣布独立讨袁，但很快被袁世凯派兵镇压。“癸丑之役”中，张勋攻占了南京，《明德白话报》因有讨袁嫌疑停刊，报社被封，财物损失惨重。直到9月局势安定后，报纸才恢复发行，但元气已伤。

1914年7月，随着第二任经理李希白辞职离去，《明德白话报》再度停刊。同年秋，原《明德白话报》编辑郑芳菽、于纬文被同仁推举，共同主持报务，恢复报纸出版，对报纸进行改版，改白话文为文言文，并改名为《新中华报》。1915年，郑芳菽离职，《新中华报》遂由于纬文担任经理，1916年再度改版，日出一大张半（对开6版），开始跻身“大报”之列。

此后，《新中华报》一直由于纬文独力经营，其间多次因抨击当局、揭露权贵以及违反新闻禁令等原因被停刊、查抄，报纸版面不时也因经济压力缩减，销量长期不温不火，但仍艰难维持，直至1937年抗日战争全面爆发，日军攻占南京前夕，才被迫停刊。

作为一份没有任何背景的民营地方报纸，《新中华报》跨越民国临时政府、洪宪复辟、北洋政府、南京国民政府多个历史时期，发行时间长达24年，堪称南京近现代报业史上的一个奇迹。而于纬文虽非《明德白话报》最早的创始人，但他自创办之始即加入报社，后又参与了改组《明德白话报》为《新中华报》全过程，并长期主持《新中华报》，是《新中华报》的创办人。

《新中华报》鼎盛时期

20世纪20年代后期，于纬文住进了钓鱼台侍其巷，他将《新中华报》报社也设在家中。在这里，他迎来了人生的巅峰时期。

于纬文一家原来租住在别处。据于纬文女儿于梦霞回忆，有一时期家里很穷，房东几乎每日都来坐索房租，甚至拍桌子骂人，于纬文整日在外奔走忙碌，夫人韦氏带着儿女只能噤若寒蝉，这一状况直到搬家后才有好转。

于纬文的新家在侍其巷4号，与著名的湖南会馆仅一墙之隔。这是一座典型的南京城南两进民居，正屋为四房两厅：前厅待客，后厅开饭；四间房子，一间是于纬文的卧室兼书房，是他写稿子的地方，也是报社的首脑部门，遇有报社重大问题需要讨论，就三五个人在房里谈一阵子，其余三间，则分住着他的家人。

于纬文将报社设备都搬进家中，有印报的机器、铸字炉子、铜模、字盘、字架等，员工也增加不少。一时家中好不热闹，将并不宽敞的房子挤得不能再挤，连家人的卧室也要一再拨出一部分充作公用。报纸由外面拿回自己印刷，机器开了工，这里便成了“连家店”，集住家、报馆、印刷厂于一个屋檐下。

在管理报社全盘业务同时，于纬文也笔耕不辍，除了每日撰写时评、社论，还创作了《宿雨新潮》《碧眼金蟾》《武侠春秋》等多部长篇小说在《新中华报》副刊版连载，颇受读者欢迎。笔记体文言小说《武侠春秋》还发行了单行本，金陵名宿程先甲为之作序。于纬文文思敏捷，每当报纸缺稿需要补白时，他就操起毛笔，一篇小品文在即刻间完成。

随着《新中华报》销量不断扩大，一架对开印报机已无法满足需求，而钓鱼台家中也无更多空间安排添置设备，于纬文便在夫子庙另租一处房屋，将经理、编辑两大部门和印刷工厂一并迁至新址。1929年5月，以这一年干支纪年命名的“戊辰印刷社”在贡院西街22号正式开业。

贡院西街22号是一座临街的平房，临街的一间是经理部，负责发行、广告和接揽印刷生意，第二进正屋，是排字房和机器房，编辑部在一小间侧屋里，只有一张长条桌，两张长条凳，上悬一盏电灯而已。

1929年7月25日，这一天是《新中华报》发行总6000期的日子，各版满满刊登了诸多政要名流的题字、贺词，其中不乏军政界大佬，如孙科、王正廷、戴季陶、张学良、刘纪文等，金陵著名书家“江东周琪”也为报纸题字。在报社隔壁的钓鱼台湖南会馆戏台，《新中华报》举行了盛大的纪念大会，并连续三天在金陵大戏院和下关大世界包场演出京剧，于纬文作为知名票友也登台献艺，演了一出《问樵渔楼》。这是《新中华报》自诞生以来最为风光的时刻。

可惜好景不长，仅仅两三年后，《新中华报》便走上衰败之路。

《新中华报》由盛转衰

《新中华报》鼎盛时，发行遍及全国，甚至远及东南亚。1930年，商务印书馆为新书《百衲本二十四史》做广告，用了《新中华报》的评论做推荐语，可见当时《新中华报》已具备相当社会影响力。

20世纪30年代，随着南京报业的迅速发展，竞争也更加激烈，涌现出一批各有特色的后起之秀，如王公弢的《朝报》、成舍我的《民生报》等，虽然都是四开小报，但都由专业人士运作，内容丰富，文字生动，排版美观，成为《新中华报》强有力的对手。《新中华报》徒有大幅版面，但形式老套，内容单调，越来越不适合读者胃口，在竞争中明显处于下风。

于纬文不善理财，虽经营《新中华报》多年，经济状况却并不稳定。他为人豪爽，爱交朋友，有轻财仗义之名，经常接济孤寡，还在报社安排一份闲职给他的大哥。受他的影响，报社骨干兼印刷厂负责人于振寰（于纬文之侄）也是一样花钱如流水，戊辰印刷社成立后生意不错，本是可以用印刷赚的钱养活报社的，但经营不到两年就发生亏损，这与于纬文大手大脚的做派当有很大关系。

于纬文结交朋友虽众，但良莠不齐，锦上添花者多，雪中送炭者少，甚至还有趁火打劫的。《新中华报》资金困难时，连采购印刷纸张都要赊账。奇望街有一家彩霞室纸铺，是《新中华报》的合作伙伴，纸铺老板是个非常精明的人，平素和于纬文称兄道弟，似乎很给面子，没钱也可尽管拿纸去用。于纬文也将报纸最好的广告位留给彩霞室纸铺。待得纸债日积月累，这位老板却突然拉下脸来，提出要于纬文用家藏的名人字画抵债。于纬文这时才知中套，但一时拿不出钱，只得就范割爱，任人将心爱之物拿走。事后心痛至极，唯有抱着儿女哭泣。

《新中华报》缺钱，稿费支付经常不及时，导致高质量稿源不足，越发满足不了市场需求，读者群逐渐萎缩，如此形成恶性循环。加上 1934 年 5 月和 1935 年 1 月，《新中华报》两次因刊登新闻不慎，受到当局处罚，被勒令停刊三日，更是雪上加霜。多重打击之下，《新中华报》无可挽回地走向下坡。

谁也没有想到，这样一份苟延残喘的《新中华报》，竟在苦苦支撑一年多后，于南京城大难临头，众多报馆纷纷逃离之际，却能重燃斗志，依然坚守在城内，直到最后一刻。

抗战中的于纬文

1937 年 7 月七七事变爆发后，全国人民抗日热情高涨，而《新中华报》的副刊仍不时刊登明星花絮、票友活动等娱乐信息。一位读者忍无可忍，给报社写了一封言辞激烈的信，要求文艺副刊立即改版，屏蔽一切风花雪月、粉饰太平的文字，调转笔头，注入民族意识的血液，以唤起读者救亡的责任。

国难当头之际，于纬文一腔热血终于被重新激发出来。

1937 年 8 月 13 日，淞沪战役爆发，战云随即笼罩在南京城上空。8月26日，日本飞机第四次空袭南京，八府塘平民居住区惨遭轰炸。于纬文不顾危险赶到现场，获取第一手信息。他亲眼看见被炸死者尸首分离挂在树枝上的惨状，惊心动魄，从此落下了气虚的毛病。

随着战局变化，南京城里的新闻机构纷纷准备向后方转移，《新中华报》却没有撤离的打算。于纬文对“守土抗敌”的前景始终乐观，他认为，这个时候前方尤其需要新闻报道，敌机轰炸以后，民众也需要了解哪里有毁损，哪里有伤亡。这时的于纬文打足精神，一扫以往的颓废之态，他要以一个报人的方式，守护这座城市。

报社工作人员都已离开，两个女儿便成了他的助手，每日帮助记录广播消息，陪着他往返于家与印刷厂之间。晚间灯火管制时，于纬文就秉烛躲在报架下编写文章，即使敌机在头顶盘旋，远近传来山崩地裂的爆炸声，他也不为所动。

于纬文就这样一天天坚持着。每当看到《新中华报》被抢购一空，他便感到莫大的慰藉。

淞沪战役失利后，日寇逼近南京城。钓鱼台离中华门不远，这一带民宅大多住进了中国军人。于纬文家因挂着报社的牌子，被军队特意让过。于纬文便主动打开大门欢迎驻兵，声明家里家眷不多，报社员工已走空，可以容纳保卫首都的战士们驻防。

到了11月间，形势日益紧张。一位借住在于纬文家的部队连长劝告他，最好带着家眷到城外避一避。于纬文这才放下了几乎维持到最后一刻的《新中华报》，匆匆收拾一点衣物，雇了一条小船，打算到南边的乡下避难。

待逃出城外，才知道局势已十分危急，小船走到半途便被军队征用，连行李也遗失了一部分。兵荒马乱之际，幸有老乡用大木盆顺流将他们送到对岸，一家人才得脱离险境，躲过不久后降临的屠城之厄。

报人在贫病中离世

南京沦陷后，于纬文带着家人躲避在乡间，靠四处借钱度日。在这里，于纬文度过了 50 岁生日，他感慨万分写下四首《五十感怀》诗，其中写道：

水村曲蠖待时清，儿女犹殷祝寿情。华发频添应笑我，壮怀虚掷负平生。

瓣香好祝慈云护，杯酒难禁客泪倾。无限江山无限感，不堪回首忆京尘。

半年之后，劫后余生的于纬文返回城内，发现钓鱼台的家已被洗劫一空，藏书和字画丧失殆尽。于纬文是名人，地方上一些人企图借他的名望，以安民为由，成立类似维持会那样的汉奸组织，他们可跟着分一杯羹。于纬文断然拒绝，痛斥这些无耻之徒“国家将亡，必有妖孽”。他说：“我这辈子功过不足论，但气节二字一定是要保守的，要知饿死事小，失节事大，岂能做贰臣！”

由于不愿随波逐流，于纬文一家陷入困苦之中，家徒四壁，常无隔宿之粮，连昔日亲友也不再登门。于纬文倒十分泰然，正好落得清静，可以闭门读书写作。他打算编一本《成语大辞典》，却因生活过于清苦，只完成一半就一病不起。

对于中国的抗战前景，于纬文始终抱有必胜信心。他在病中常念叨，等收复失土，报纸依旧可以恢复起来的。即使家中财物典卖殆尽，一架劫后余存的对开印报机仍一直保存着。可惜，他终于没能等到山河重光的那一天。

1940 年 4 月 19 日（农历三月十二日），报人于纬文在贫病交加中离世，终年 52 岁。

1930 年城南大功坊纵火未遂事件

程　瑶

南京是迄今为止中国唯一获评“世界文学之都”的城市，在“申都”报告中，有“南京是一座传播之城，一直以来在为中外文学交流推波助澜。五个世纪前，南京是中国重要的出版中心……”这样的表述。据明代胡应麟《少室山房笔丛》记载，“今海内书，凡聚之地有四：燕市也，金陵也，阊阖也，临安也”“吴会、金陵，擅名文献，刻本至多，巨帙类书，咸荟萃焉”。殊不知，秦淮三山街一带，正是出版中心的中心，故胡应麟又云：“凡金陵书肆，多在三山街及太学前。”清初诗人、著名戏曲作家孔尚任在其巨著《桃花扇》的“逮杜”一节，曾借明末南京书商、二酉堂主人蔡益所之口说出：“天下书籍之富有，无过俺金陵；这金陵书铺之多，无过俺三山街；这三山街书客之大，无过俺蔡益所。”由此可见一斑。

三山街的出版业繁荣，延续到了清末，卢前《书林别话》有“金陵三山街为明代刻书者所聚，如宋时之临安。富春堂党，则犹陈氏书棚，皆卓然有闻者也。近百年刻书业则始于洪杨事变之后，随曾、左而起者曰李光明”的记述，这里提到的李光明，便是赫赫有名的李光明庄，其兴起于清朝同治、光绪年间，地点位于金陵聚宝门三山街大功坊郭家巷内，状元境口状元阁设有分肆，影响遍及全国。

时光荏苒，南京的出版业几经兴衰，但是秦淮的集聚地的作用依旧，大大小小的笺纸店、书局仍会将其地作为事业的起点。

到了民国初年，李光明庄所在的三山街大功坊又出现了一家新开的纸品店，这就是本篇故事的主角——王吉源纸店。

王吉源纸店的主人叫王监屏，本来是开裱画店的，后来不知怎样起了家，在大功坊35号开了这家大纸号，并且还造了几重房屋。但其有些并不光彩的“黑”历史，《申报》1915年3月曾经对他的一次违法乱纪行为有过报道。当时政府有“官纸局既经成立，凡为程序令所规定者，皆属在官纸范围以内，各商号即不得仿造渔利等”的禁令，但是王吉源纸店不顾禁令，顶风作案，仿造官纸在省城及下关等埠私下销售，买卖获利甚多，已经是公开的秘密了。省立官纸局局长闻讯大怒，当即派人前往纸店取证，结果买得花纹式样与官纸基本相同的十份纸样，王吉源纸店故意仿造用以牟利的证据确凿，受到了查抄罚没仿制官纸、传唤纸店管事、罚款并公示于众的处罚。虽然受了处罚，但王吉源纸店还是如火如荼地发展着。国民政府定都南京后不久，王监屏为扩大规模，花了7200多块洋钱在纸号对门郭家巷19号购买地基，又建筑房屋十余间，建成之后，1928年以月租120元租给了一位叫王毓英的商人。同年，王毓英创办了南京京华印书馆，并在《申报》上发出通告，向社会各界通报：经过选举，已决定任张丽云、王春先、萧竹君、王介人、王玉圃、胡镛山、竺永华为董事，唐镜元、沈笑春、王雨亭为监察，王毓英为经理，王兆基为副理，并按照章程呈请政府主管部门注册，宣布即日起开始营业，有业务需要接洽的人可以到南京大功坊与经理、副理商办。由此可见，京华印书馆建馆之初设在大功坊，具体来说，正是租用了王监屏的大功坊郭家巷地皮。

京华印书馆的资本有十多万，在当时南京的印书馆中，可谓实力雄厚，工友有120余人，生意发达。但是从1929年6月21日起，不到两个月内，接连发生了十几次火灾事故，因为施救得力，没有蔓延全部，损失不大。至于失火的原因，虽然有几回查到有人为纵火的迹象，可是总查不着主犯，所以每逢夜间，印书馆只有加倍戒严，防患于未然。这一系列火灾的策划者，其实正是王吉源纸店主人的第三个儿子王重熹。王重熹年约25岁，幼年不喜读书，可是天资聪明，会制铜板。王监屏购买地皮建筑房屋后，唯恐火患发生，遭受损失，所以在新大陆洋行保了一万两银子的火险。不承想，怕什么来什么，该馆的地址，恰恰位于南京市政府正在规划的子午线路范围内，过不了多久就要被拆除。如房屋因市政工程被拆，保险金将一无所得，拆屋损失将甚为惨重。所以，欲“为父解忧”的王重熹便动起了烧自家房屋骗取保险金的歪脑筋。

1930年1月21日，王重熹找到京华印书馆机器工头马东阳，说房屋不久就要被拆，如能暗中放火，趁在保险期间烧了房子，便能获得保险赔偿，并且允诺付给马300元酬金，事成之后，还有重谢。马东阳担心此举一旦败露会连累到自身，于是将王重熹行贿纵火的事情报告给了京华印书馆经理王毓英，王毓英让马东阳先假装答应下来。第二天一早，王毓英便将此事向警厅特务处进行密报。王重熹急于行事，又约次日下午6时去位于小胺巷7号的马东阳家商量细节。马东阳赶紧告诉了王毓英。23日下午，警厅派便衣探员事先藏在马家的床背后，伺机行动。王重熹来后，二人一同靠在床边谈话。王重熹催促马东阳明天务必动手，承诺发生事故马东阳概不负责。因身上暂无现金，拟以一张万国储蓄银行存折（内有二百多元）为报酬。为便于马东阳取款，王重熹当场写了一张字条：“今有马君存到大洋300元，俟开工后取回，立此为据。”字条写好，证据就落实了，探员立即现身将王重熹抓捕，带往第七局第四分驻所，派警将其解送至侦缉队。

本来事已至此，案件清晰明了，但两家居然还在报纸上打起了“舆论战”。先是王监屏登出紧要启事，云“窃监屏第三子重熹于日前被郭家巷京华印书馆工匠请去吃饭，以代买号码机为由，不料东伙同谋设局诱陷，伪造条据报警逮捕，诬为放火主犯，事属离奇，殊深骇异。查该京华印书馆房屋系监屏出资建造，且与监屏所开设之王吉源纸店仅隔一街，而毗邻该馆之东首市房又皆为监屏所有，人非至愚，岂肯自谋放火而不虑及延烧自害之理。刻已诉请法院究诬，虚实不难分辨，至报纸登载各节道路宣传与事实不符，诚恐亲友传闻失实，用特登报声明，伏希公鉴。南京大功坊王吉源主人王监屏启。”京华印书馆不甘示弱，随即也登出紧要启事：“窃本馆前数月间历次被人放火，并有行迹可寻，曾经呈报区署密查在案。兹又于上月二十日据工友马东阳报告，王重熹有贿托纵火情事，当即密报警察厅请求侦查保护。蒙交特务处派员于上月二十三日下午七时（即王重熹预约详细商洽放火之时间），预伏该工友家中床后，亲闻商洽纵火之谈话，并亲见书写条据后，当场逮捕解厅移送法院办理。案在侦查，自可大白，兹忽阅报端载有王重熹之父王监屏启事一则，竟敢公然侮辱诽谤信誉，自当另案告诉以维法，益诚恐亲友及各界不明真相，用特登报声明伏维公鉴。”双方各执一词之际，被捕的王重熹经警务部门司法科初步审讯，认定案情重大，移送法院处理。

事情闹成这样，京华印书馆自然不愿继续租用王监屏的房屋再招惹麻烦了，不久便搬离了大功坊这块“是非之地”，迁到了新街口中山路。日后，随着规模不断扩大，发展成为一家具有全国影响的民营出版机构。

秦淮票房话旧

赵子云

南京自成为中华民国首都后，随即成为京剧演出中心之一。许多京剧名角争相来此献艺，业余演唱活动也日渐活跃。星罗棋布的票房（京剧业余爱好者聚会练习的处所）组织及其所拥有的票友（京剧业余爱好者）与日俱增。

遣涯集：成立于北洋时期。地址在大夫第，主持人为李列保、徐子义、于纬文等。李列保系南京李光明书店的少东家，是南京最早的名票友，工老生，唱作并佳。徐子义亦工文武老生，擅谭派，能戏甚多，常于南京、芜湖一带票戏，曾被山东一剧团请去唱戏，与名角王云芳同台演出，饮誉一时。后因抽鸦片而潦倒，解放前夕在南京去世。

雅歌集：南京票房有两处雅歌集，这里所说的雅歌集成立于1926年前后，地址在乌衣巷。主要成员有名票高华、陈平章等人。高华身高近1.8米，面目清秀，穿着入时。他在夫子庙开了一家“美伦照相馆”，人称他夫子庙美男子。程砚秋每次来宁都要抽空会晤高华，二人交谊甚笃。高华是南京名票友，深受南京戏迷们赞誉。其艺术成就也得到大师梅兰芳赏识。抗战胜利后，他曾与杨宝森在南京明星大戏院义演《桑园会》，义演收入及灌制唱片的稿费，均用于赈灾。后去了台湾，不久转赴香港，经营照相器材生意，偶尔也演出。

阳春社：成立于1934年，地址在龙王庙，社长王仲钧，主要成员有杨畹侬、王曼寿、王颂臣等，多为当时的政府相关职员。

杨畹侬为该社骨干，擅梅派，有“南京梅兰芳”之美誉。解放后执教于上海戏曲学校。王仲钧工谭派老生。王曼寿工花脸，早年留学法国，擅编剧，曾为杨畹侬编《易鞋记》，并灌制唱片。

新生社：1925 年，南捕厅 15 号甘家大院的四公子甘律之，与其兄甘南轩、甘涛及同窗好友，在大院花厅内组织成立“新生社”。甘南轩任社长。这是一支异军突起的票友队伍，除甘氏兄弟外，其主要成员还有甘汝敏、甘菊生、汪剑耘、喻学辉、喻志清、王曼寿、蒋鹤亭、马焕文等三四十人。该社成员中，数汪剑耘造诣最高，他天赋佳、基础好，又肯下苦功，所饰演的青衣、花旦，声腔、扮相、动作等都酷似梅兰芳，有“小梅兰芳”之称。1951 年，他正式拜梅兰芳为师。

当时伶界名流溥侗（红豆馆主）、梅兰芳、言慧珠、童芷苓等常出入甘家交流切磋艺术，对新生社成员影响很大，艺术水平提高得也很快。1936 年新生社在明星大戏院举行了为期两天的首次公演，共演出《四郎探母》《女起解》《空城计》《珠帘寨》四个剧目，演出相当成功，观众反响非常热烈，当时的南京中央广播电台还进行现场实况转播。不久，新生社又在明星大戏院第二次公演，剧目有《南阳关》《贺后骂殿》《宝莲灯》。至此，新生社已是远近闻名的京剧票房了。

抗战爆发，新生社被迫迁往后方。抗战胜利后，复回南京，又发展了大批社员，其中著名票友高华、管公衡、赵寿良等纷纷加入了新生社。1948 年 2 月，新生社部分社员为甘氏“掌门人”甘贡三老先生庆贺六十寿辰，演唱了一次盛大堂会，轰动了南京城，一时成为艺坛佳话。

新生社中，影响较大的是范儒林、王曼寿二人。范在 30 年代初即受到京剧艺术大师徐兰源的赏识，并延师重点对其培养，后因倒嗓从北京返回南京长期客居甘家，新生社成员得其教益颇大。王曼寿能写会唱，于戏曲理论有相当研究，和甘氏兄弟是忘年交，使甘氏兄弟受益匪浅。1953年，新生社因主要骨干加入专业剧团而终止。

华社：全称华风京剧艺术研究社，1939年春成立。前身为融融票社和永社，创办人喻志清为社长。杨载元、朱陵为正副秘书长。成员初约百人，社址在大香炉66号。每周二、四、六下午活动半天，星期日全天活动。先后聘请了言菊朋、言慧珠、金素琴、高百岁、李成斌、王玉让等演员及票友高华、管公衡为艺术指导，并请京剧演员卢桂和等人担任专职教师。华社每月在大香炉救火会演出一次，也常被邀请参加单位义务募捐演出。曾为浙江省水灾、南京市区救火会义演。还应当时的中央广播电台邀请担任该台周末晚间的京剧清唱。南京解放后，喻志清代表华社参加南京市文学艺术联合会，并担任南京市京剧改进会研究组副组长。1950年，华社排演了新戏《贫妇泪》，成为南京市唯一演出新戏的票房，还为抗美援朝捐献飞机大炮举行义演。1950年2月至11月，与新生社部分成员联社及票友华子献、章跃泉等联合组成了南京规模最大的票房——友艺集。

新生俱乐部：1940年，由升州路棉纱商人丁华庆、陈广生等一群票友在登隆巷包租房间创办。成员约30人，主要有冯德明、丁华庆、吴振海、沈锡富、陈广生等人。每日俱有活动。请名票毛季美教戏，曾于新华大戏院演出《宇宙锋》，由陈广生主演。在更新舞台演出《法门寺》，由陈广生、丁华庆主演。还在安徽会馆演出过《贵妃醉酒》《女起解》，由曹慧麟、喻志清、王光和、陈广生主演。1945年，因主要资助人丁华庆经济亏损，华社无活动经费，随即解散。

稚社：1944年成立，地址在升州路煤炭业公会内。主要成员为煤炭业子弟。发起人是煤炭业公会负责人沈兆魁。成员十余人，年龄皆在15岁左右，是一支朝气蓬勃的少年票友队伍。有沈福庆、周昌仪、李增智、张达亮、张达夫、陶本康、葛骥、周昌张等。

其中沈福庆年仅 12 岁，为沈兆魁之子。沈福庆 5 岁时，其父即延师为他教唱京剧，7 岁时习京胡，以上为同业子弟。非同业子弟则有万宏奇、文宏章、朱双瑜、高远乔等。稚社还请了南京大戏院的优秀艺人焦保奎、李瑞庭、刘淑华、褚子良、谭红梅、顾金富等为少年票友们教授技艺，顾金富为沈福庆京胡演奏之蒙师。1944 年夏，稚社票友利用暑假在中希剧院（解放后为人民剧场）首次登台演出，剧目有《珠帘寨》《女起解》《落马湖》《乌盆记》等。沈福庆在《落马湖》中饰大丑，《珠帘寨》中饰老生程敬恩。同年 7 月，稚社又在南京大戏院登台献艺，剧目有《天雷报》《草桥关》等。另外，逢煤炭业公会有喜庆事，稚社的孩子们便排着队，一路吹着、拉着，到清凉山去演出。

华声社：1928 年成立，社员多半为政府机关人员，约三四十人。由鲁葆元和许公泽二人负责，地址在户部街。华声社场所很大，有五进房子，演出场内可容三四百人。每月演出一至二次，其中票友水平较高者为青衣毛季英、杨修纲，老生刘志鳌。1937 年春，该社与阳春社于金陵大学联合举办了一次盛大演出，还邀请了伶界享有盛誉的厉家班。开台戏是厉慧良的《岳母刺字》，然后是鲁葆元的《天霸拜山》。阳春社则有杨畹侬、陶一庵、陶默厂的《汾河湾》，章跃泉的《双枪陆文龙》。在南京伶界曾引起轰动。华声社于抗战爆发不久后即告结束。

【史海钩沉】

刘坤一首创江南制钱总局

肖振才

清光绪年间建立的江南铸造银圆制钱总局旧址，坐落在南京老城西南菱角市66号。如今，这里已改造成南京国家领军人才创业园。走进园区大门，在院内右角的梧桐树下，一组青铜铸成的标识告诉每一个访者，120多年前，江南铸造银圆制钱总局就是在这里开办的。

铸币之争

在古代，银两和铜钱一直是市场流通的主要货币。但银两交易时存在着很大的缺陷，不仅需要称重还得验成色，很是不便。清代中后期，随着外国银圆的大量涌入，人们发现其便于携带交易，成色、重量都是统一的，花纹样式也很难伪造。于是，英国“站洋”、日本“龙洋”、法国“安南银圆”、西班牙“本洋”，墨西哥“鹰洋”逐渐占据了中国的沿海市场，并汹涌地向内地漫延。这些外国银圆的流通价值，通常高于其所含有的白银的价值。中国一两纹银的含银量大约在九钱三分五厘，而外国银圆的含银量却只有七钱多，有的甚至只有六钱，却以每枚一两等价交易，导致中国白银大量外流，一些外国商人专门在中国购买白银铸成银圆再卖回中国，谋取暴利。

众多有识之士大声疾呼，铸银，铸银！

刘坤一（1830—1902），字岘庄，廪生出身，湖南新宁人。晚清军事家、政治家、湘军宿将。平定太平天国时崭露头角，后累擢直隶州知州，赏戴花翎，受命帮办海军事务，任两江总督。曾国藩、左宗棠去世后，他与张之洞成为洋务运动的主导者，并在甲午战争、百日维新、清末新政等事件上发挥着重要作用。光绪十六年（1890）十月，清廷再命刘坤一为两江总督兼南洋大臣，在整顿军务、吏治的同时，积极推行洋务新政，经办修铁路、开矿、发展农工商等洋务项目，使两江地区（江苏、江西、安徽）在短短数年内恢复生机，经济、文化复苏，成为全国经济发展和洋务运动的龙头。创设江南铸造银圆制钱总局是刘坤一发展江南经济的卓越贡献之一。

为维护国家和朝廷利益，时任两广总督张之洞连奏两本，要求朝廷批准他在广东铸造银圆，最终得到朝廷默许。光绪十五年，他在洋银泛滥地——广东首设造币厂铸造银圆，俗称“龙洋”。不久，张之洞调离广东任职湖北后，又建立湖北钱局，开启晚清各省自主铸币、稳定经济的局面。

刘坤一到任江宁（南京）时，两江地区并无铸币厂，流通货币混乱，洋圆、龙洋与银两、铜板、铜钱搅杂，市场交易纠纷不断。为解燃眉之急，“江宁（南京）所需银圆即向鄂厂调换，时钱则请粤厂附铸”。

光绪二十二年正月，两江总督刘坤一以“制钱缺乏，不敷周转，洋圆行销，利权外溢，仰给外省，终非久计”向朝廷提出“筹建造币厂”议案，并开始在江宁筹建造币厂。

鉴于广东、湖北两局铸造银圆成效良好，户部于当年颁发通令：铸币事宜，“沿江沿海各省自行仿办”。自此，各省开始筹建钱局，自铸银币铜钱。

选址西水关

筹建江南铸造银圆制钱总局，选址是头等大事。经幕僚们再三勘查，最后勘定在内秦淮河的出水口，西水关内的云台闸南岸，作为厂址。

西水关位于今秦淮区升州路西端，此处设有码头，是南京“进出口”的咽喉，也是当时南京城最繁忙的物资集散中心。西水关旧称下水门，始建于杨吴时期，明初修建南京城墙时在此基础上扩建为西水关。修建时颇有讲究，除了防洪排涝，在军事、政治、经济上也大有作为，建有两道闸门、桥道和藏兵洞。一道闸门在城墙之内，另一道闸门在内秦淮河出水口，城墙之下留有多孔拱券式进水巷道，以条石封住，防止“水鬼”潜水入城。当时，西水关防守十分严密。外地人如果想走水路进入南京城，必须从西水关下船，然后经水西门进城。码头上也设有关卡，下船上岸必须得出示凭证，才可以进城。

光绪二十二年三月，江南铸造银圆制钱总局关防正式启用。刘坤一亲自指派江苏藩司瑞庆为制钱总局总办，江苏候补道刘式通负责筹办铸造银币及铜币的机器，营务处道员桂崇庆负责勘地营建厂房。指令江南筹防局借银八万两作为制钱总局的开办经费，收买云台闸南岸沿河基地44亩，建东、西两厂，东厂铸银圆，西厂铸铜圆。全套银圆铸造机器，由刘式通在上海瑞生洋行向英国喜敦厂订购，总价为9867英镑。

光绪二十三年秋，东厂、西厂竣工。十月二十八日，东厂开铸银圆并银辅币四种，铸本皆借自筹防局，所用银条，委托上海道台代购。铸成银圆交筹防支应各局，按八成搭发俸饷，通行江南三省。同年十二月十五日，西厂开铸一文制钱，因亏折于次年停铸。光绪二十四年三月，徐州矿务局由鄂厂改向宁局购换银圆，每百两贴费二两。次年四月，朝廷诏令停铸银圆，经刘坤一请准，得以试铸一年。当年，铸成大小龙洋500万余元，月铸60万元，实盈14万余两，成效颇著，后奏准依例铸造。

名声远扬的“老江南”

江南铸造银圆制钱总局开局铸造的银圆，俗称“龙洋”，正面中央为“光绪元宝”四个字，上方有“江南省造”四个字，下方标注币值“库平七钱二分”，成色90%，重7.246钱。背面中央为一条盘龙，周围记有与正面对应的英文。

首铸无干支纪年，次年加铸纪年，称“新江南”。这种没有面值的银圆，含银七钱二分，较当时流行的墨西哥“鹰洋”重一分五厘，很快占领了江南一带的市场，受到市场的追捧。

但当时并没有江南省，那么银圆上为何铸“江南省造”？

原来，江南省设于清顺治二年，即1645年，省府位于江宁（今南京），康熙年间被分为安徽、江苏两省，此后也未复设。后来由于江苏资源富庶，清廷就在南京和苏州各设一个造币机构。苏州的银币已经冠上了“江苏省造”的字样，为了区别铸造地，南京的造币厂就使用了“江南省造”。

建厂之初，铸币厂设总办一人，主管全厂铸造事务，副手一人，称督办、会办或帮办，由江督委任。下设总务、铸造、化验三科，科设提调（科长），正副各一人，置科员若干名，再下依次为各工种司事、工匠徒等。订有“暂行办事规则”“银圆厂员司章程二十条”“制钱厂员司章程四条”“两厂工匠章程十六条”等规章。铸造的“龙洋”成色质量高，分销发售很顺利，但在光绪二十七年却出了变故。由于当时全国有十多个省区设厂铸造银圆，各自为政，所铸银圆成色、重量不一，且互相抵制，谋取暴利。所以清廷下令除广东、湖北两局外，其余全部裁撤。两江总督刘坤一赶紧上表奏折，陈述该厂“确著成效”，这才得以保存。

为了杜绝再次出现这样的危机，江南铸造银圆制钱总局先后进行了十次整顿，还聘请了外国化学专家霍氏到厂担任配合成色教习，并在银圆上铸上“HAH”（霍氏英文姓名缩写）戳记，以取信中外。

光绪二十八年五月，因角洋滞销，银圆停铸，各厂皆专铸当十铜圆，东厂银圆季只铸数日。是时，东厂铜圆为宁藩司代销，西厂为宁苏两藩司代铸。又先后代善后局及徐州道代铸当十铜圆1127万余枚。十月，江督以铜圆畅销，令添机五架，日增产48万枚，连旧机及东厂银圆机日共出100万枚。除月解苏附铸320余万枚，余全交司库。盈利以二成提作司库外销杂支及善后局用，八成存作兴学练兵费用。

当年，刘坤一在两江总督任内逝世，享年73岁。清廷优诏赐恤，追封他为一等男爵，赠官太傅，赐谥“忠诚”，允入祀贤良祠，原籍、立功的相关省份则另建专祠祭祀。

刘坤一去世的第三年，由于铸币厂经营效益显著，经朝廷核准，上海、扬州两处筹建币厂机器归并江宁。光绪三十一年正月，该厂收地77亩，在东南两面拓展建大厂，装设上海扬州机器，称“新厂”。至此，总厂有老、中、新三厂。

光绪三十一年八月，该总局更名为“江南银铜圆总局”。次年二月，改称“江苏江宁户部造币分厂”。五月，再改称“度支部造币江（宁）厂”，并换关防。

据《南京金融志》（南京出版社1995年10月版）记载：光绪二十九年，代屯垦局铸当十铜元704万枚。是年十二月，江督奏准新改章程，取消西厂代铸，所铸铜元概交宁藩库，时东西两厂日出铜元已达百万枚。三十年正月，为应付镇、徐、淮、海各地领兑，请准在每日百万枚中掺铸当二十铜元二成，日可多得盈利约当十铜元 9 万余枚。此时，铜元余利每百万枚约得银 3200 余两。三十二年三月新厂开铸，连同老中厂日出达 120 万枚。四月，厘定章程 16 条，铜元成色旧用紫铜 95%、白铅 4%，点锡 1%，为减轻成本，不用点锡，改用 5% 白铅。时度支部令限铜元铸数，日不得过 30 万，嗣新老厂皆停铸。七月，以铜圆不足，先开中厂，次开东厂，再开新厂，日共出 300 万枚，当月共铸当十铜圆 7580 万枚。时所借筹防局铸本 120 万两尚欠 40 万余两。三十三年正月，定整顿章程，并老厂于新厂，裁减人员，日铸额限 200 万枚以内，以 100 万为本厂铸额，盈余四成解部为练兵费，三成解司为新政费，三成分还筹防局等：加铸盈余全数解赈捐局。二月，新厂开工日铸 200 万枚，内当二十铜圆 30 万枚。光绪三十四年三月，部以铜圆过多，令停铸。

宣统二年（1910）四月，度支部修定造币厂章程，铸币专归总厂，江（宁）厂造册候裁，保留汉、粤、蓉、滇四个分厂。嗣因新币在上海发行，复设江（宁）分厂，主辅币造币比例为 8 ∶ 2。次年，清廷开始“废两改元”的改革，工厂开始铸造“壹圆”大清银币，“圆”遂成正式计值单位。不久，辛亥革命爆发，所铸银币没能通过官方渠道发行，而被拨作军饷，余者被熔铸成新币。

更名“江南造币厂”

1912 年 1 月，中华民国临时政府接收江宁造币分厂，改为中华民国江南造币厂，直属中央政府。2 月，更换关防，改为中华民国财政部造币总厂，由部管辖。1913 年 2 月又改为财政部江南造币厂。次年 9 月，财政部以各厂关防不一，特重刊颁用，江南厂关防改为财政部南京造币厂。

光复后，分厂先置监理一人，主管厂务，内部暂设总务、管理二科，分管对外和对内事务。1912 年 3 月设厂长、帮长，厂部设工务、总务、化验三科，各设科长一人，科内按工种设所、处、库，各配科员一人，司事若干人。工务科内有冲饼、印花、辗片等九所。总务科有煤炭等所，营缮、会计等处，化验科有化验、校准等三所。三科中以化验科最为重要，工作最繁难。

1912年4月，该厂铸中华民国开国纪念铜币，5月铸纪念银币，8 月续铸二角纪念银币及金币。10 月 21 日开铸银圆，沿用清江南的旧模。1913 年 1 月，因银圆市价低落停铸。6 月，部限铜圆月铸额不得逾 3000 万枚。8 月，部令用北洋模铸银圆。11 月铜圆停铸。1915 年 2 月，依《国币条例》收回旧币改铸袁像新币，日铸 16 万元。1924 年，因供过于求，先后停止银铜辅币铸造。此时，宁厂历年所入皆为当局或收缴或借用，铸本耗尽，全赖行庄销旧铸新，或息借铸本勉强维持。

1927 年，国民政府定都南京后，在上海建立中央造币厂，先后令各厂停铸，以统币制，集中铸币事权。南京厂亦于 1929 年 6 月停铸，交中央造币厂监理委员会接收，工厂正式撤销。

又据《南京金融志》记载：自开铸至停铸，该厂历 32 年，总共铸成银圆 5.41 亿余元，占全国同期铸数 30.97%；银辅币 1653.6 万余枚，约占 6%，合银圆 2873.27 万元；当十铜圆 47.91 亿余枚，约占 11.25%。

新中国成立后，旧址改建为南京第二机床厂，开启了社会主义现代化建设的新征程。2012 年，改建为南京国家领军人才创业园，2017 年被南京市政府认定为南京市历史风貌区，有三处遗存的老厂房被认定为南京市工业遗产类历史建筑。

方文移居桃叶渡

雁　夫

方文（1612—1669），字尔止，号嵞山，原名孔文，字尔识，明亡后更名一耒，别号淮西山人、明农、忍冬，安徽安庆府桐城人。年少有才，不同凡响。与方贞观、方世举并称"桐城三诗家"，著有《嵞山集》。之所以命名为《嵞山集》，是谓不忘故国之意。"嵞山在怀远县城外，周世宗望之，谓濠州有王者气。"后来，果然朱元璋起家濠州，定鼎大明。方文自号嵞山，即不忘大明也。

明朝桐城方氏为大家世族，以仕官、治学称于世者甚多。方文祖父方学渐（1539—1615）字达卿，号本庵，虽屡试不第，终生未仕，却是明代中叶桐城学术的领头人和"方氏易学学派"的创始人，也是继何唐之后于桐城兴教倡学的乡里大师。父亲方大铉，明万历四十一年（1613）进士，授刑部主事，父丧归里，起补户部。工诗歌古文，著有《听峡斋草》《搴兰馆集》六卷行世。

左光斗（1575—1625），字遗直，一字共之，号浮丘，明桐城人。万历三十五年进士，授中书舍人。四十七年，被擢为御史时，候命归里。方大铉与之友善，设宴款待。酒至半酣，左光斗看着站在一旁六岁的方文，双目有神，灵秀异常。便问他平常读什么书，方文答："常读杜诗。""能颂《秋兴》否？""能，但请赐一杯酒。"方文手持酒杯，放声吟诵。每吟一篇，就喝一杯，前后吟了八首，喝了八杯。方文在吟诗时，音节激越，意态优雅。左光斗惊喜有加，掀髯起舞。当即定下婚约，将长女许配于方文。方文后来作《啖椒堂诗》记此事："我昔登兹堂，总角六龄耳。

先君官司农，少保尚御史。老友结重姻，拜谒携小子。小子幼诵诗，秋兴如流水。抗声吟席上，少保惊且喜。一首饮一杯，八杯竟醉矣。逾年我遂孤，少保去京市。”

方文20岁左右便开始了以南京为中心的游学生活，结交文人，诗酒逍遥。此时方文仅为诸生，尚未出仕，明帝国虽然内忧外患、风雨飘摇，但作为留都的金陵城却是一派繁华，秦淮河上画舫如织，歌声曼妙，大有“商女不知亡国恨，隔江犹唱后庭花”之象。在南京，方文与崇祯元年进士、寄籍上元的休宁人汪伟相识。汪伟很赏识方文，将女儿许配于他。不久，明亡，清军占领南京，汪伟不愿降清，自缢以报国。是年，方文33岁，于是移居金陵。

《凤麓小志》云：“（方文）与复社、几社相应和。汪伟以女妻之，遂家金陵。初居瓦官寺侧宋氏鸥天馆，复移桃叶渡。”方文《白下移居》云：“城南有荒寺，云是古瓦官。杰阁虽凌夷，香林未凋残。我性本孤僻，憩此中心欢。山僧敬爱客，假寓良非难。一室容偃仰，三时恣盘桓。读书有真乐，不畏饥与寒。邻人售余屋，移家此偷安。风云苟未会，且作龙蛇蟠。”表达了移居桃叶渡时的感受。其同乡诗人马敬思《得方尔止先生书》中“三载移家桃叶春，钓船烟雨芰荷身”，同样提及了他移家之事。钱澄之亦有《方尔止移居》“鲑菜无多种，贫家好客偏。渐除寒士态，深识细君贤。酒价僮能访，茶香婢可怜。所需怀抱物，相慰耦耕前”。

方文不食清禄，与当时遗民文人诗酒流连，以气节著称。尝请画师绘陶渊明、杜少陵、白香山及己像为《四壬子图》，王士祯为其题图后，对在座诸君曰：“陶坦率，白令老妪可解，皆不足虑，所虑杜陵老子，文峻网密，恐鑫山不免吃藤条耳。”《凤麓小志》载“时陈名夏过白下，乞定其诗，执礼甚恭。文读之曰：‘甚善！但必改三字。’名夏谦曰：‘岂止是顾三字者何也？’文厉声曰：‘但须改陈名夏三字耳。’名夏亦怒曰：‘尔谓我不能杀尔耶？’拂衣去。或咎文，文笑曰：‘吾自办头来耳。公等何忧？’”陈名夏，明崇祯十六年（1643）杨廷鉴榜进士，殿试一甲第三名（探花），复社名士。授翰林院修撰，官至户兵二科都给事中。喜结天下名士，为诸生时已名重天下。北京城破前十天，陈名夏建议召集山东义勇救援京师。京城陷落之日，上吊自杀未果。王姓山西秀才力荐陈名夏加入大顺政权，入弘文馆（翰林院）。福王继位时，因降李自成定入从贼案。后降清，保定巡抚王文奎推荐，复原官，超擢吏部侍郎。对这样一个不忠不孝、反复无常、趋炎附势之徒，方文自然对他不会有什么好感，怎能不讥笑他。

方文一直以游食、卖卜、行医或充塾师为生，交游遍朝野，名流无不与之交往。从其诗中可知其曾“北游、徐杭游、鲁游、西江游”，而南游皖地更是常事。如崇祯十五年，“江南北大荒，斗米千钱，是岁家人始乏食，有友梁平叔令宣城，不得已，一往谒之。君谢客甚严，独厚予，三个月赠金五百有奇，自是家无饥馁忧矣。”此次为不得已，而求助于宣城令梁平叔，以度饥荒。崇祯十七年，“前年寒食杨柳青，有客同舟归敬亭。今年长至雪霜白，归舟又附敬亭客”，又一次往宣城。《八弟图孚见过小饮次日予游潜山》“明日之邻县，先期送我行。语多天易晚，世乱别非轻。沽酒出深巷，摊书对短檠。老年兄弟小，稻国最园情。”《周将军庙在潜山治东南五里》“我爱周公瑾，飞扬正妙龄。山川留古庙，风雨见英灵。僧种竹盈院，客摹碑到庭。因思小乔嫁，此地亦曾经。”

明亡以后，方文创作了大量诗歌，表达对故国的思念。如“野老难忘故国恩，年年恸哭向江门。南徐郭外三停棹，北固山头独怆魂。流水滔滔何日返，遗民落落几人存。钱生未死重相见，双袖龙钟尽血痕。”“少小能文气似兰，里人谁不信弹冠。只因丧乱身当废，纵使沉埋性所安。故国有怀唯涕泪，新诗无字不悲酸。漫劳铁匣藏枯井，此日流传血已丹。”也正因为亡国之痛，其诗风突变。甲申之前学杜甫，多苍老之作；之后学白居易，明白如话，长于叙事，其独创的“龠山体”在诗词学界有重要影响。孙枝蔚在《题龠山先生续集》中说：“看似寻常最奇崛，成如容易却艰辛。龠山诗合荆公语，轻薄儿曹莫浪弹。”陈维崧在《题龠山先生续集》中也说：“字字精工费剪裁，篇篇陶冶极悲哀。白家老妪休轻诵，曾见元和稿本来。”纪映钟谓其“坚老纯熟，冲口而道，如父老话桑麻，不离平实，却自精微。”李明睿谓“尔止妙于序事，故其诗千态万状，无一字相同，良有以也。”钱谦益赞曰：“桐城方尔止，能诗称国手”。

清康熙八年（1669），方文卒于江宁。宋琬作《汉宫春·哭方尔止》：“吾友方干，果贫如赵壹，赋类相如。平生傲睨成癖，偏爱狂奴。卢龙塞上，践冰霜、曾策疲驴。堪下酒，泺河鲜鲫，君言胜四腮鲈。犹记长干握手，贺更生再世，清泪沾裾。何图此别千载，邻笛愁余。传经有女，问何如、六尺遗孤。肠断处，重开巾笥，未裁刘秣陵书。”可谓盖棺论定。

蓝旗街的隐秘往事

陆 晖

1932年4月29日，在韩国独立运动领袖金九策划下，韩国青年尹奉吉于上海虹口公园以炸弹行刺日本军政要员，日本上海占领军总司令白川义则被炸死，日本驻华公使重光葵重伤。金九因此为世人瞩目，其在韩国临时政府中的政治地位也得到很大提升。同年，金九与蒋介石在南京会晤，国民政府与韩国临时政府开始紧密合作。

1932年以后，金九频频出现在南京，后来定居南京，组织开展了一系列抗日复国工作，直至1937年11月撤离。在此期间，金九的主要活动地点都在南京城南地区，如复成新村、高岗里、奇望街，还有本文所讲述的蓝旗街。

蓝旗街8号：韩人抗日组织秘密基地

在蓝旗街秘密基地，金九直接领导着三个韩国地下抗日组织：韩人爱国团、韩国特务队独立军、学生训练所。其中，学生训练所是1935年2月金九在南京城内东关头32号（国民政府蒙藏委员会旧址）创办的一个秘密培训学校，全称学生预备训练所，又称“特务队预备训练所”“中央军校第11期预备班”，对外则以“蒙藏训练所”之名以掩人耳目。从名称上可看出，这个训练所是韩国特务队独立军的预备组织。训练所实行军事化管理，召集一批韩国青少年学员进行秘密培训，为韩国独立运动培养军事人才。

因被日本情报机关察觉，训练所被迫多次迁移，1935 年 10 月 6 日搬至蓝旗街 8 号。

学生训练所在蓝旗街只存在了一个多月。随着韩国特务队 1935 年 10 月中旬因故解散，学生训练所也在 11 月中旬正式停办。学生被遣散到各地，有的学员后来和韩国特务队独立军一起被编入韩国国民党青年团。学生训练所解散以后，蓝旗街 8 号仍被金九继续使用着。

1935 年 11 月，金九在镇江发起创建韩国国民党，总部设在南京蓝旗街 8 号。1936 年 7 月，韩国国民党青年团成立，青年团的总部也设在这里。

关于蓝旗街 8 号后来的一些情况，金九在自传《白凡逸志》中有所提及：1937 年淞沪战役爆发后，日军飞机空袭南京（《白凡逸志》未写明具体时间，据笔者好友张元卿考证应在 9 月 25 日），金九在淮清桥的住处被炸毁，邻居尸横遍野。幸免于难的金九立刻到同胞的住处去查看，都无大碍，住在蓝旗街的许多学生也平安无事。

1937 年 11 月 20 日，国民政府发布《为持久抗战移驻重庆宣言》，韩国临时政府成员及家属 100 多人乘船向后方转移，蓝旗街办公室雇用的中国杂役蔡某也随队同行，不幸在芜湖落水溺亡。金九闻讯感到非常遗憾，宣布戒烟，改掉多年的嗜好。

两段信息表明，蓝旗街 8 号作为金九在南京的秘密活动基地，一直运作至南京保卫战前夕。

蓝旗街 8 号位置的相关线索

关于蓝旗街 8 号的位置，张元卿著《金九在南京》一书中提供了两条线索：其一，据朝鲜族学者崔凤春考订，蓝旗街 8 号位于今南京市御道街与护城河之间，南起光华东街，北到标营，因清代蓝旗衙门在此而得名。蓝旗街 7 号、8 号、9 号中间原有一口圆井，今废。这个范围很宽泛，主要是摘录 20 世纪 80 年代《江苏省南京市地名录》关于蓝旗街的信息，并不能看出蓝旗街 8 号本身的范围。其二，在成为学生训练所之前，蓝旗街 8 号为国民政府立法委员史尚宽租住。1933 年 11 月，史尚宽承租蓝旗街 8 号的声请登记称，“该地东至倪姓及标营，南至走路，西至蓝旗街，北至标营，计面积四十一亩九分零三毫六丝”。这段信息出自《南京市政府公报》1933 年 135 期的《史尚宽承租蓝旗街八号旗产声请登记案》，有详细四至和精确面积，但是没有地图，具体地点也因年代久远不易考证。

蓝旗街是一条东西向的道路，从城墙边上一直通向御道街。这条街上的门牌有点奇怪：长长一条蓝旗街，东西两头一大半路段，门牌上写的却是相邻的标营、光华东街、御道街路名，只有中间一段，才出现蓝旗街的门牌，其中包括蓝旗街 8 号。

蓝旗街 8 号在蓝旗新村里，是一个独立院落，内有两幢楼，秦淮区电信局下属两个分局在此办公。从占地规模上看，即使当年这里是平房，容纳一个几十人培训班还是绰绰有余的（学生训练所最早的地点东关头 32 号也只有两栋中式单层建筑）。它会是当年的韩国学生训练所旧址和韩国国民党总部旧址吗？

蓝旗街 8 号与民国时期的“旗地问题”

根据《南京市政府公报》1933 年 135 期的《史尚宽承租蓝旗街八号旗产声请登记案》，当时的蓝旗街 8 号占地面积达 41.9036 亩，相当于 27935 平方米，面积非常大（附近的南航附中校园，占地也只有 24000 平方米），和现在的 8 号占地面积明显不匹配。

史尚宽为什么要租下这么大的房子？租个房子为什么还要专门发布公告？这牵涉到南京民国时期的一个社会问题：旗地问题。

清代时，南京设有江宁驻防旗营，按清制对旗营官兵按级别拨给不同数量的土地，由其自建自耕，按年缴纳少量地租，这就是旗地。旗地产权本为官有，使用权世代世袭，不得私下转让。但早在清亡之前，随着旗民内部的分化，已有大量旗地被私下转至非旗民手中，权属关系几经演变，实际情况错综复杂。

民国以后，旗地应收归公有。1928 年，南京特别市政府设旗产清理处，以旗产收入解决旗民生计问题。1929 年，经全面测量，南京一至七区共有旗地 2362 段 12974 亩，大部分在明皇城范围内，其他区域也有零星分布。同年，公布《旗地登记办法》，开办旗地登记，登记旗地的业主称为承租人，登记信息需公示，确定无人异议后，才可核定发放旗产租借登记证。

1930 年 8 月，第 133 次市政会议决定，旗地租户照地价 5‰缴纳年租，亦可由原承租人按四成缴价承领。这一决定宣布以后，大多数承租人愿选择承领。截至 1930 年 12 月 22 日，已登记旗地 8000 余亩。

“旗地问题”很复杂，远不是以上几段文字能说明白的。自 1912 年始，旗地问题和旗民生计问题就纠缠在一起，直到 1949 年都没完全理清，至今在大光路上还留下一个老地名“生计处”。

大致了解以上背景后，我们再来解读这份《史尚宽承租蓝旗街八号旗产声请登记案》的真实含义：所谓蓝旗街 8 号旗产，指的是蓝旗街 8 号所在处的旗地，而不是蓝旗街 8 号的房产；41.9036 亩是这整块旗地的面积，而非蓝旗街 8 号房屋的占地面积；史尚宽这个“承租人”其实已是这块旗地的业主，并不是要从别人手里新租产业（史尚宽祖籍安徽桐城，不是旗人，这块地应该是此前就转到他手中的）；这块旗地信息经过登记，公示一个月，核定无误后，再通过租或售的方式给史尚宽继续使用。

史尚宽，安徽桐城人，1929 年任国民政府立法委员，后任立法院法制委员会委员长，考试院秘书长兼法规委员会主任委员，1948 年任总统府国策顾问。1949 年去台，1970 年 11 月在台北病逝。

1949 年南京解放以后，国民党军政要员名下房产均被人民政府接收。据《民国时期国民党政府党政军要员在宁房地产情况汇编》（南京市房管局产权监理处档案室 1995 年 8 月汇编）统计，史尚宽在蓝旗街的房产为蓝旗街 6 号南和 8 号、9 号、36 号（其中 8、9、36 号在一处），占地面积共 17822.30 平方米。

这个信息说明：史尚宽 1933 年登记的蓝旗街 8 号旗地近 42 亩面积（约 27935 平方米），并不仅限于蓝旗街 8 号房屋的占地面积，还应包括其他房屋（蓝旗街 6 号南、9 号、36 号等）和周围空地、菜地等。从 1933 年至 1949 年，蓝旗街 8 号的房主都是史尚宽，金九是向史尚宽租下这处房屋的。

蓝旗街韩人抗日基地旧址位置推测

在 1936 年的民国军用地图上，可以很清晰看出 20 世纪 40 年代蓝旗街的街道状况。旧时的蓝旗街并不是现在东西走向的这条街，而是一条南北向的道路，北至标营，南面通往光华东街。这就是现在蓝旗街大段出现相邻街道门牌号码的原因——旧蓝旗街范围，本来就只是今蓝旗街中间一段的南北两侧。

蓝旗新村的居民说，在小区建成之前，这一带都是菜地和水塘，没有大片的房屋。老地图上显示的情况，和居民讲述的差不多，蓝旗街两旁都是田地或空地，没有太多的建筑物，看上去更像农村。现在穿过蓝旗新村小区东部，一直通至光华东街的南北向小巷——蓝旗巷，和老地图上旧蓝旗街的道路正好重合，它应该是旧蓝旗街留下的一段遗迹。

经过比对，今蓝旗街8号的位置在老地图上对应的是一块被道路围起来的地方，像一个院落，里面有一两间房屋。这块院落也在旧的蓝旗街东侧路边，其南侧还有一条无名道路，与史尚宽旗产登记信息中的“南至走路，西至蓝旗街”吻合。

不过，史尚宽登记的旗地将近42亩，这块院落面积显然没这么大。这块旗地应该还包括老地图上与院落相邻的另一个院落，这一块主要是空地，其北侧、东侧都接近后标营，也基本符合旗产登记信息。对应到现在的地图，范围大致包括今蓝旗新村北区（在蓝旗街北侧，后标营南侧）、蓝旗新村里的蓝旗巷东侧区域（含蓝旗街8号电信局），以及蓝旗街6号小区的一部分。

从蓝旗新村里的门牌命名规律看，现在的蓝旗街8号采用了有别于小区其他楼栋以幢数编号的方式，单独以号做单位，并与小区外的蓝旗街6号小区相邻，它很可能沿袭了小区建设前的老门牌号码。

综合以上信息分析，今蓝旗新村内的蓝旗街8号（据资料，该房屋为1993年新建），很可能是在拆掉的老蓝旗街8号基址附近建成的（可能位置略有偏移），当年的学生训练所及韩国国民党青年团总部很可能就在这一区域。

据资料记载，蓝旗街7号、8号、9号之间原有一口圆井，这是一处比较明显的标识。可惜，这个小区的居民大多是小区建成后才搬迁进来的，都没听说过这口井，可能只有老蓝旗街原住民才知道确切的位置。

20世纪30年代，蓝旗街处于被城墙、护城河环抱的城东一隅（光华东街东侧的城墙通道及跨护城河的紫金桥是2000年以后才修建的），这一带房屋稀疏，一望皆菜畦，少有闲人来往，也利于观察周围环境。一旦情况有异，还可就近从光华门撤至城外。加上房东有政府背景，在此开展一些活动也不易被怀疑。金九选择蓝旗街 8 号作为秘密活动基地，显然是有所考虑的。

从 1935 年 10 月至 1937 年 11 月，蓝旗街 8 号先后为学生训练所及韩国国民党、青年团总部，是韩国临时政府金九系在南京的重要基地。金九在南京的重要工作之一，是为国民政府搜集日方情报。蓝旗街总部设有调查、行动、特务、交通、联络五部，是金九直接掌控的情报中心。国民政府提供给金九的一部电台，很可能就设在这里。

今天的蓝旗街 8 号是电信部门办公场所，其功能恰好也与通信相关，这或许是冥冥之中的巧合吧。

儒吏濮文暹轶事

濮小南

濮文暹（1830—1909），原名守照，字青士，号梅梅颠，晚号瘦梅子，南京溧水人。聪慧通达，家学渊深。少年时期随父宦游四川，故语多川音。其江宁城内的宅院在今南京市秦淮区洪武路羊皮巷，名“絜漪园”。《金陵园墅志》：“絜漪园，在羊皮巷，溧水濮青士太守文暹园。”其父濮瑗（1795—1855），字又蘧，号琅圃，道光六年（1826）丙戌科殿试第二甲第九十六名进士，授四川安岳县知县，累官至涪州知府。卒于任所。咸丰兵燹，江南乡试废弛。其时，守孝服满的濮文暹与其弟濮文昶（1834—1895，字椿馀），只得相偕取道北上参加顺天府乡试。咸丰九年（1859），兄弟双双获中己未恩科顺天府乡试举人。同治四年（1865），二人又同中乙丑科殿试进士，濮文暹为第三甲第十二名，授刑部主事；濮文昶为第三甲第五十九名，以知县分派湖北，初任汉阳知县，累官至随州知府。

同治四年至光绪九年（1883），濮文暹在刑部十八年，历任刑部陕西司主事、员外郎，四川司郎中等。任职之初，举家迁居京城，濮文暹作《入都供职西曹感赋》以记其情，曰：“鞭丝帽影又都门，旧雪新鸿不计痕。占梦预知来日好，耐寒才觉太阳温。朝天容我携妻子，养母无才愧弟昆。饱吃长安尘数斗，此中深厚有君恩。”供职期间，居心平恕，察事精详，以风节自见。其诗《八月十五值宿提牢厅》：“老棘危墙铁叶门，沉沉官鼓动黄昏。身如犴狴当关守，心供蟾蜍向月奔。黑狱锒铛惊短梦，青楼歌舞恋春痕。悲观一例归何处，付与西风总断魂。”是当时濮文暹谨慎职守的写照。后屡以循吏荐卓异，其所著《提牢琐记》，对在监人犯的医、食等方面均做了具体的规定，既便于操作，又利于管理，被当时各地狱界奉为成法。在光绪八年壬午京察中，濮文暹以优异的工作实绩被列为一等，受到光绪帝载湉在养心殿东暖阁的三次召见。他激动不已，作诗记之。《三月初十日，文暹以京察一等蒙恩记名，召见于养心殿之东暖阁，恭纪一章》：“膳牌初递便传宣，仙杖趋随入九天。敢以微劳书上考，偶循资格到停年。姓名新记屏风上，温勉亲承黼座前。私幸朝衫犹未典，春来三染御炉烟。（二月初五日，引见于养心殿；十五日，复引见于养心殿；至是召对，凡三近天颜矣。）”清正廉洁，实至名归。

光绪五年至六年，京师附近发生数十起劫案，官府差役毫无破案头绪，无端怀疑京城源顺镖局的镖头大刀王五（王正谊，1844—1900），刑部堂官即令主事濮文暹负责处理此案，查办王五。濮文暹旋即派遣数十名役卒包围了源顺镖局，然役卒们都深知王五功夫了得，谁也不敢硬闯，仅在门前吆喝空喊，直至日落也没有抓着王五，只得悻悻地回衙复命。岂知第二天，濮文暹正犯愁之际，忽报王五前来投案。大堂之上，王五首先直言感谢昨日不破门缉拿的恩典，明确指出这些劫案与自己无涉，并提供了一些重要的线索，遂使真犯被抓，案情大白。濮文暹见各案均与王五毫无牵连，故判以“斥责二十板惩戒逐出”，将其释放。王五乃江湖侠义之士，此事之后，一直铭记在心。光绪九年，濮文暹外放河南，任南阳知府。王五闻知一贯廉洁的濮大人因家无储金，盘缠无措，不能按时赴任。随即赠银二百两相助，并亲自护送前往河南。不料途中遇雨，黄河暴涨，耽搁月余，旅费殆尽。王五又找卫辉县的朋友借银五百两，方将濮文暹送抵南阳。对此，濮文暹除万分感谢之外，另写七百两纹银的借据交给王五，王五也不推辞，收下借据即告辞返京。这段故事彰显了大刀王五的义气，也展示了濮文暹的风节。《清朝野史大观》卷十二，对濮、王的这段故事有十分详细的记述。

濮文暹此次外放河南，初拟任开封知府，有诗《癸未三月初一日，奉旨简放河南开封府遗缺知府，感而纪事》："书生新拜命，皇帝九年春。断雁孤云影，慈乌绕树身。时危方出守，恩重不忧贫。闻道黄流静，西风好问津。"赴任途中，大雨阻行，滞留卫辉县月余，作《大水阻程》，逆旅思母，其情堪怜："双轮十日尚迟迟，带水拖泥已不支。儿鬓衰于辞母后，君恩深到赴官时。艰难行路寻常事，老病留身若个知。今夜天涯同听雨，可能分梦说相思。"雨歇登程，又接旨令，改任南阳知府，作《出守南阳府》："旌麾影里树苍苍，侵晓霞明认女墙。五马远来新守郡，一龙高卧尚余冈。斯人不作吾安仰，薄宦将成学已荒。却喜片帆容易挂，大江东去是家乡。"家乡东望，宦游已惓，致仕归乡之心渐生矣。

岂知在南阳，濮文暹一待就是十余年，其间除短暂代理开封及彰德知府外，一直担任南阳知府。他恪尽职守，勤谨不殆。《黄堂》："咫尺黄堂地位宽，怜他门外见官难。明知呼诉无情甚，且作痴儿怨女看。"仅数年间，政通人和，百废俱举。南阳府旧有童子试，参试者必须捐钱以作进身之阶，各县将这部分收入用于修城墙、办团练，沿袭多年。濮文暹到任后，即着手革除此旧制，"由是寒士得自奋而无幸者矣"。为此，他作诗以勉励诸生勤奋读书，莫待白头空嗟。《府学堂试笔》："诸生太学苦难留，国子先生已白头。急炼唐花成杞梓，争求仙药访瀛洲。遣童男女原成例，作大行人亦壮游。还要金银能识器，莫贻东道主君忧。"南阳府东境为淮河源流，年久没有疏浚治理，经常泛滥成灾。濮文暹专门组织修筑堤防，经过数年的不懈坚持，终建成牢固防洪体系，保障了沿河百姓的生存安全。濮文暹借此作《河复》诗以抒其慨："白金深投一千万，一河乃府数州怨。君忧臣瘁民力穷，大明黜陟功始建。寒涛斗落沙成汀，蛟驯鼍伏龙效灵。茭薪云委冻不解，满堤月白霜痕青。戊子季冬十八日，大书河复归史笔。九重虽慰有余悲，几见遗黎剩家室。苏髯昔赋澶州篇，颇讥西汉元封年。诗中了不动咨儆，但凭风力功贪天。本朝家法慈且圣，偏灾直可开全盛。况是舟梁新告成，春冰未泮河如镜。就下何须问南北，太行山色无情碧。小年三十便沧桑，偏抱水径寻禹迹。旧防千里空峨峨，海门东返重扬波。中流曲折无歧路，此后星槎稳若何。”省督部台十分赞许，晓喻各府县效法。一时，濮文暹“政声洋溢于中州，盛德之称满于人口”，朝廷专赏顶戴花翎，加封三品衔。

光绪二十二年五月，濮文暹继母张太夫人病逝，故借丁忧不再出仕，返归金陵，于城中羊皮巷建宅园以居。宅园周围有大小池塘五片，塘中莲菱，岸边嘉树，后接菜畦，自然形成城市园林矣。三年后，服除，作诗《光绪丙申五月，居张太夫人之丧，买舟归葬。倏焉除服，追感有作，时戊戌九月也》记之：“桐杖麻鞋两不支，孤舟容得此孤儿。飘零素旐帆犹影，辛苦青山墓已碑。旧梦短长归路熟，泪痕深浅大江知。三年前事何堪忆，聊记休官是此时。”在羊皮巷宅园赋闲时，正是清朝积贫积弱的末造时期，列强虎视眈眈，国势危如累卵。作为一介老儒，濮文暹实无济世之力，唯有叹惋之诗。《新居题壁》：“草堂主人好，爱卜林塘幽。亦知非故乡，诗境聊淹留。回首浣花溪，吾幼曾钓游。公寓江之源，吾归江尽头。有塘亦可舟，有林亦可楼。吟啸老未厌，外此奚所求。奈何大瀛沸，倾泻金玉瓯。群獠逞声色，万国夸春秋。诗王能再世，奇变供讨搜。自非扛健笔，诗史谁敢修。老夫惟默默，姑与花月俦。寄兴于卜居，鸟啼虫啾啾。买山山灵愁，浮海海若咻。有笔轻莫投，于今安可候。”除读书作诗之外，他遍游金陵，秦淮长板桥、随园小仓山、雨花台、莫愁湖等诸多名胜古迹，都留下了徘徊之痕与感怀之诗。其中，尤以登临雨花台所作之诗最能代表他对时局及形势无限担忧的家国情怀。《雨花台望远》：“茫茫登览意，都付与斜阳。山色沉腥市，江声哭战场。此台余佛唾，不雨花亦香。寻梦今有著，清游真故乡。”其间，他还与司马湘、朱绍亭、梅寿康、陈作霖、秦际唐、郭少庭、季克之、杨爵臣共九人，会于秦际唐宅南冈草堂，效仿唐代白居易在洛阳的“香山九老会”，结成“南冈九老会”，经常聚饮谈笑，怡然自得，翛然相忘于江湖。为此，濮文暹特作《九老会记》近千言，以记金陵九老之所以然。九老中，文暹与秦际唐最密，曾于光绪二十五年送灶之夕于秦宅饮酒共庆。《小除夕，过饮秦伯虞处》：“分寸光阴各自珍，偷闲容我往来频。白头难得都无恙，红友相邀更几人。医国苦求三世药，折梅分作两家春。出门西向还同笑，从此长安有日轮。”老年健康，潇洒自由。

光绪二十七年，应两江总督刘坤一（1830—1902）延聘，濮文暹出任钟山书院改办之江宁中学堂总教习。在任期间，以群经教士，恪守俭让，深获师生的普遍称赞。其情其境，有诗记之。《学堂》：“犯霜趁晴晓，适馆营一餐。尸位事本易，狥俗心所难，一日周六艺，工商而儒官。此顾彼又失，循之环无端。上下争名号，阶级何从攀。舞蹈别有仪，本朝无衣冠。利权别有教，学者无心肝。汲汲诸君子，推波而助澜。我思汩其泥，所愧固且顽。行行汗浃背，归途忘暮寒。”世风浇薄，人心不古；争名逐利，循环往复。其时，他与时任南京江南水师学堂兼附设矿务铁路学堂总办的俞明震（1860—1918，字恪士）过从甚密，经常商讨新式教育的规律与特征。还与诗坛宿耆陈三立（1853—1937，字伯严）结为知己，曾同俞明震一道与陈三立夜游秦淮，陈三立有诗记其大概。陈三立《七月初四夜，与濮青士丈及恪士移舸纳凉赋》其一：“小艇如凫鹭，横眠看拍浮。按歌飘水细，倒影接灯秋。酒袂初乘兴，风帘暗落愁。老怀潇洒极，饱饭动闲讴。”其二：“震也天童返，犹余松桧秋。海潮通一水，茗坐更孤舟。袅袅雏鬟出，依依清夜游。桥头隔人世，曳履向沙鸥。”夜泊秦淮，把酒临风；癫狂无忌，快意行歌。后俞明震调任江西赣宁道，濮文暹特别寄诗相慰。《简俞恪士》："问讯到闲冷，官中吟否诗。九州题目大，一字性情痴。贱子老无赖，短笺新有词。雨声太辛苦，泻不尽相思。"这段时间，濮文暹复将历年诗文编辑成书，曰《见在龛集》。陈三立应邀为该书作序，赞扬濮文暹"胎息自然，不汩其真；切挚温淑，探综性本，有德人儒吏之风"。应该是非常准确与中肯的评价。

光绪三十一年，76岁的濮文暹将其亡妻耦青夫人安葬于江宁南郊西善桥青山库后，便辞官离开江宁羊皮巷，赴山东，就养于其长子、新泰县知县濮贤恪任所，开始了颐养晚年的优游生活。他专门游览了泰山，从山下红门依次攀登至顶，沿途观赏风景，遐想古人游踪，远离世俗尘嚣，飘飘然若仙人也。其所作《游岱随笔》《游岱记余》等，洋洋洒洒万余言，从历史与现实的时空角度，全方位记录并介绍了泰山悠久的人文景观及壮丽的地理风貌，时至今日，仍是众多学者研究泰山人文历史的重要古籍资料之一。此外，他还游历了济南东郊的龙洞和佛峪，泛舟大明湖，尽享冶游之乐。《湖船月下作（二首）》其一："清溪一轮月，分与大明湖。胜地不相假，故乡无此孤。余情到歌舞，生计剩蒲菰。水鸟栖何晚，来将醉梦呼。"其二："三四五更月，一千余里潮。若通清济水，便驾小吴舠。波外客怀远，酒边秋气高。遥怜桃叶渡，添得几枝箫。"济南山水的秀色可餐，勾起了濮文暹无限的乡思，青溪映月，桃渡临流，是难以忘怀的乡愁。他幻想连通济水与青溪，千里之遥，乘舟往返，朝发夕至，岂不快哉。现实很无奈，人生仅是一场醉梦而已。他常常在不眠的冬夜，怀念千里之外的故乡。《冬夜忆金陵》："钟晓驱恶梦，衾孤惊早寒。病防儿辈觉，生当古人看。雪月光阴好，江山地步宽。归魂问何处，乡路不漫漫。"思乡之情，充溢诗行。为此，他经常寄诗给江宁好友秦际唐，抒发自己内心无限的乡思。《寄怀南冈先生（伯虞有南冈草堂）》其一："一往情深处，相逢说亦难。偶吟成好句，便抵报平安。

唱和忘千里，推敲近十年。蠹鱼仍不饱，持以劝加餐。”其二：“孤抱难求友，离思谁具陈。诗中偏有我，君外更无人。湾水消长夏，秋花接远春。定开好壇坫，忆否苦吟身。”其三：“乡国推先辈，惟君我不如。名叨知己重，诗是赏心余。风味通家好，天涯吾道孤。为怜明镜影，多寄数行书。”光绪三十四年夏，秦际唐病卒于江宁南冈草堂，濮文暹闻讯，悲痛万分，含泪作《南冈先生传》以垂永久，并作诗缅怀故人。《和陈伯雨寄怀兼追慨秦伯虞》：“三千里外同明月，明月奈何有圆缺。不如笔放白毫光，随着风云归故乡。黑塞青林去时路，定有吟魂留且住。安问歌斯更哭斯，独经独来惟有诗，九天九地谁知之。”宣统元年（1909）十二月初九，满怀对故乡清风明月无限思念的濮文暹病逝于山东，时年80岁。（本文所引诗词，除注明外，均录自濮文暹《见在龛集》《见在龛集补遗》。）

唱京韵大鼓的骆玉笙出道于南京夫子庙

徐廷华

骆玉笙的大名，是伴随着1985年电视连续剧《四世同堂》中的主题歌《重整河山待后生》红遍大江南北的。尽管翻滚的屏幕上显出的演唱者名字是“小彩舞”，但戏迷们从那雄浑有力、清润抑扬的京韵大鼓唱腔中，依旧肯定无疑地猜出这是著名京韵艺术家骆玉笙演唱的。

骆玉笙在她70余年的京韵大鼓艺术生涯中，继承前辈的艺术成就，博采众家之长，以孜孜不倦的探索和努力，创立了以字正腔圆、声音甜美、委婉抒情、韵味醇厚为特色的“骆派”京韵，开拓了京韵大鼓这一表演艺术的新形式和最高峰。

追根溯源，骆玉笙的艺术生涯是在南京夫子庙起步的。在这里，她度过了十年风雨饥寒的岁月。

苦难的童年

骆玉笙，1914年出生在江南，连她自己也不知道确切的出生地。她刚刚6个月大就被送给了江湖艺人天津人骆彩武做养女，养父给这个养女取艺名“小彩舞”。

从此，骆玉笙跟着养父母漂泊江湖，行走于上海、南京、武汉等地卖艺。从4岁起，她就开始配合养父演出杂耍。常常是骆彩武在大庭广众变魔术的时候，把骆玉笙变出来，让她给围观的人唱上一段二黄（一种戏剧的唱腔）。唱毕，捧个锣盘沿围观人群走一圈，收点赏钱。一个四五岁的孩子，正是需要关心与呵护的时候，而骆玉笙却已经在为衣食奔波了。几十年后，她回忆起自己的这段辛酸的童年生活，总是无限感慨地对人说："哎，我是唱着戏长大的。"

艰苦的生活，摔打出骆玉笙坚强的个性，奠定了她日后走向艺术高峰的基石。

起步夫子庙

1926 年，12 岁的骆玉笙只身来到南京闯荡，在号称四大娱乐场所的夫子庙（其他三个是北京的天桥、上海的城隍庙、天津的"三不管"）谋生。

20 世纪 30 年代的夫子庙灯红酒绿，遍布茶楼酒肆，夜夜笙歌，人气旺盛，集聚了不少歌女在散落各处的戏茶厅献歌展艺。骆玉笙主要在奇芳阁、六朝居、魁光阁等茶楼、书场清唱"二黄"，颇有些听客。当年和骆玉笙一起清唱的姐妹中，后来出了不少蜚声南北的艺坛名角，如王玉容、王玉琴姐妹及后来从影的王熙春、张翠红、张翠凤等。

1931 年，养父去世，17 岁的骆玉笙正式演唱京韵大鼓，并拜曾做过刘宝全弦师（对弹奏弦乐器者的尊称）的韩永禄为师，系统地学习刘派大鼓的曲目。

骆玉笙的嗓音天赋好，音域宽广，高音清脆嘹亮，低音厚实沉重，音色优美，音质纯正，音韵醇厚，底气充沛，演唱时带有自然颤音，尤具魅力。韩永禄根据她的音色特点，为她设计独特唱腔，使她后来获"金嗓歌王"称号。骆玉笙勤奋好学，博采众长，吸收"少白（凤鸣）派""白（云鹏）派"艺术之长，逐渐形成自己的“骆派”风格。早期以演唱悲曲见长，代表曲目有《剑阁闻铃》《红梅阁》等，其中《剑阁闻铃》是“骆派”京韵大鼓最具特色的代表作。骆玉笙演唱时，那低回婉转的腔调，如泣如诉，使听者如醉如痴，当唱到“我的妃子呀……”那真挚深厚的感情，一下子爆发出来，令人回肠荡气。20 世纪 60 年代《剑阁闻铃》曾被拍摄成电影。就这样，继刘宝全、白云鹏、张小轩、白凤鸣之后的又一位名家骆玉笙，从此出现在中国的曲艺界，并且在后来独领风骚达半个多世纪。

成名于天津

1936 年，骆玉笙回到阔别多年的天津。她在天津成名不久，正赶上小梨园开业，经理冯庸甫将骆玉笙师徒请到小梨园，骆玉笙成了小梨园的台柱子。那时与小梨园一街之隔的天祥舞台老板见小梨园人气旺，就把刘宝全请来挑大梁。这样两家娱乐场所自然形成了骆玉笙与刘保全“打擂台”的局面。天祥舞台还在天津有名的《益世报》上大登广告：“刘宝全，鼓界大宗师，誉满全国重莅津门，挽友礼聘首次登台。”小梨园也不相让，亦打出“金嗓歌喉鼓界女王小彩舞”霓虹灯广告，在小梨园前熠熠生辉，“两军”对垒，一时传为佳话。

中华人民共和国成立后，骆玉笙参加天津曲艺团，不再用艺名，改用本名骆玉笙。唱段也以神情激越、昂扬向上著称，演唱的新编革命题材曲目《黄继光》《光荣的航程》等获得赞誉。1971 年从事教学工作。“文化大革命”期间，骆玉笙没有放弃对曲艺事业的追求，坚持练功，使其在花甲之年重登舞台时仍然保持着充沛的舞台活力。

1980 年，津门曲荟时隔 18 年后再度拉开帷幕，这是一次天津曲艺界的盛会，名家云集。在此次演出活动中，骆玉笙演唱了《子期听琴》《祭晴雯》等曲目，此后，历届津门曲荟都能看到骆玉笙登场的身影。1982 年京津两地曲艺界举行纪念鼓王刘宝全先生逝世 40 周年的京韵大鼓专场，骆玉笙与孙书筠、阎秋霞等名家联袂登台，演唱了经典的曲目《红梅阁》《和氏璧》。

因《四世同堂》名震全国

此后，电视剧《四世同堂》摄制组以及著名作曲家雷振邦、雷蕾父女又邀请已当选中国曲协主席的骆玉笙录制片头曲《重整河山待后生》，一经播出，大获成功，从此骆玉笙的名字响彻华夏大地。此时，骆玉笙已经年过古稀。

几年后，骆玉笙为参加第一届中国曲艺节又一次来到南京，故地重游，走在秦淮河畔，往事依依，不由得想到自己当年讨生活学艺的艰苦岁月，感慨万千。曲艺会上，她为南京听众再次献演《重整河山待后生》，博得经久掌声。

后来在第八届津门曲荟上，骆玉笙以 80 岁高龄演唱《击鼓骂曹》，高难度的击鼓动作依然完成得堪称完美，成为一段佳话。

骆玉笙一生致力于京韵大鼓艺术的传播，陆倚琴、刘春爱为其影响力最大的两位弟子。她晚年又收著名电影表演艺术家王铁成、京剧演员李梦熊、评戏演员王冠丽、台湾学生李红为弟子，以期把博大精深的曲艺艺术播撒到更加广阔的空间。

2002 年 5 月 5 日，骆玉笙因呼吸系统衰竭在天津辞世，在寂静中离开她热爱的文艺舞台和观众，享年 89 岁。

【淮上杂谈】

移花接木的大校场机场“美龄楼”

唐 恺

杭州笕桥机场内有一座民国建筑，由于宋美龄曾经在此住过，因此被称为“美龄楼”。在南京市秦淮区红花街道大校场路1–9号，也有一座民国风格的建筑，俗称“美龄楼”，顾名思义，它也应该和宋美龄有着密切的联系。

关于南京大校场机场“美龄楼”，最早的说法却是指另一处民国建筑。2009年3月6日，《现代快报》刊登报道《第四座“美龄宫”在大校场机场》，根据其描述，所谓“美龄宫”是一座四合院式的民国建筑。这与第三次全国文物普查时对于“红花机场别墅”的描述一致。同样，2017年出版的《秦淮区历史文化资源图录》，对于“红花机场别墅”也有相同的描述，称“位于大校场机场西北角，秦淮区红花街道国际路南端的西面，是宋美龄的别墅。该别墅为一层砖木结构，坐北朝南，通面阔35米，通进深32米，平面呈‘回’字形，是方方正正的四合院式，青砖灰瓦，硬山顶。大门在别墅的东侧，四合院中间的天井中央是一个椭圆形的鱼池，四周围着花坛。该四合院一共有房屋十多间，大小不等。四合院南侧的一排原是蒋介石和宋美龄的主卧室，房屋一共五大间，宽七米，北侧的一排原是‘锅炉房’，一共五大间，宽六米。西侧有房间六间，面积十平方米左右，原是蒋、宋侍卫的住所，东侧只有一间房子，宽有六米左右，长有20余米，原是会客室。整座别墅是在一个用石头垫高的‘基座’上修盖的。房屋从天花板到地板的高度有4.5米，基座的下面有净高1.3—1.5米的架空层，用于铺设供热管道等管线。‘基座’的侧面，有多处铁栅栏式的小铁窗，用于通风。”由此看来，从正式的说法上，“红花机场别墅”才是所谓的“美龄楼”。

为何现在我们看到的大校场路1-9号的两层民国建筑也被称为“美龄楼”呢？主要缘于《现代快报》2015年的一篇报道《再见，86岁的大校场机场》。这篇报道对美龄楼的描述出现了明显变换：“《现代快报》曾在2009年报道过大校场美龄楼的状况，六年过去了，美龄楼还在吗？从机场的大门口，沿右侧的道路向前走，左拐后，就可以看到藏身于此的‘美龄楼’。这是一个小院，门口挂着‘美龄楼’的牌子，2014年6月27日，这里还被秦淮区定为不可移动文物，挂牌‘红山机场别墅’...... 走入小院，一幢二层小楼，外立面是青灰小砖，部分地方是淡黄色的涂料，颇有几分民国建筑的风格。不过窗户早已改成了现代化的式样。”

当“红山机场别墅”的文保牌移花接木出现在这座二层小楼上时，不仅记者被误导了，就连南京市规划和自然资源局2019年公布的《南京市第三批历史建筑补充名录》，也把这座小楼定名为“大校场机场美龄楼”，并介绍该楼“修建于20世纪30年代，据说是为宋美龄候机时使用”。

这座小楼到底和宋美龄有没有联系呢？笔者经过了一番考证，得到的答案是否定的。

大校场机场远离市区，在民国时期是作为军用机场使用，起落多是军用飞机。而同时期在城内明故宫也有飞机场，则是供民航和专机起降。比如1937年和1949年，蒋介石最引人关注的两次飞离南京，均是在明故宫机场乘坐专机的。因此，在大校场机场专门为宋美龄设立候机楼可信度极低。

关于这座小楼的“前世”似乎仍然有追寻的空间。功夫不负有心人，笔者终于在民国时期的一份《航空杂志》上找到了这座小楼的身影。原来，这座小楼虽然不是所谓的“美龄楼”，但是其来头绝不亚于“美龄楼”，《航空杂志》上将其称为“航空署大校场航空站办公室”。这一发现，直接认定了这座小楼的身世。

经不断查询，笔者在其他民国资料中又相继发现多幅小楼的照片。小楼几经变更，仍然是作为大校场后勤场站的总办公室使用的。据史料记载，航空署存在的时间是1928年11月至1934年5月，因此可确定这座小楼是大校场机场早期的重要建筑之一。

据《现代快报》2009年的报道称，这座小楼“曾经拆除过重建”，但截至目前，笔者尚未找到可证实这一说法的相关资料。经实地考察，这座小楼虽然内部结构多有改变，但是从楼外立面来看仍然保留有明显的民国风格。

秦淮万寿宫遗迹考略

郑宽涛

历史上南京秦淮区曾有数座万寿宫。其中原中正街的万寿宫已在历史烟云中消失，评事街的万寿宫也遭遇拆迁。南京地方志书籍中关于万寿宫的记载较少，仅有的零星记载也相互矛盾，还有的提出评事街的万寿宫是因晚清时期南京当地官员庆祝西太后慈禧寿辰而建，难免叫人生疑。笔者认为有必要对秦淮区的万寿宫进行一番梳理。

消失的中正街万寿宫

据《江宁物艺》记载："清同治初年，太平天国起义失败后，大清朝廷一时颇为振奋，大有中兴康乾盛世的势头。被战争破坏最为严重的江宁府城，也迅速重建了官府衙门。为接待皇帝南巡驻跸之需，两江总督选址于中正街（今太平路）拟建万寿宫。"这段记载称历史上的中正街在今太平路，事实上并非如此。

历史上的南京中正街是一条古街，首先明礼部纂修《洪武京城图志》明确记载"中正街在和宁街西"。在《明应天府图》中可以明显看出中正街是与马府街平行的东西走向的一条街。据清南洋陆师学堂所绘《新测金陵省城全图》显示，中正街万寿宫位于中正街东段，一墙之隔为火神庙，其位置相当于今南京市广电大厦一带。清代上元县署就设在中正街（今白下路）升平桥。

咸丰三年（1853）太平军攻入城中，中正街一带成为两军激战的战场，县署毁于战火。至清末，中正街已成为上元、江宁两县城中分界的东段。据《首都志》记载："白下路为中正街、升平桥、珠宝廊三街合并为一街。"中正街改为白下路的时间为1934年。据考证，明清时期的上元县衙在今天白下路的公安五处，上江考棚在今六中，张侯府在今海运学校。另据《白下区文物志》记载："万寿宫在今白下路东八府塘北口对面江苏省广播电视总公司及后面多幢楼房处，建成于清同治十二年（1873）十二月。原建筑规模宏大，有角门、方亭、月台、朝房三十间，廊四十六号，还有宝座、伞扇等一百七十余件。不知毁于何时。"

关于中正街的记载很多。比较重要的有《白下琐言》中的记载："由四象桥转西，抵升平桥，沿河一带石岸整齐，谓之晒场。旧为邑人陈万顺后院，不通行人。前方在中正街，有广厦数百间，聚族而居。陈在京开绸缎庄，家素封其地为晒谷之所。"

南京探花伍长华就病逝于中正街。清嘉庆十九年（1814）甲戌会试榜登一甲三名的伍长华是一位南京回族人氏，是我国科举制度上的第一位回族探花。大家知道，林则徐"虎门销烟"表现了中国人民英勇抵御外国侵略者的坚强决心和激励奋发的民族精神。然而人们很少知道，在此以前，湖北巡抚、南京探花伍长华曾和当时还是湖广总督的林则徐两人联合在湖北武昌行辕校场当众销毁查禁的鸦片一万余两，"槌碎"烟枪三千余杆，此举震动朝廷，两湖兵民山呼，父老称谢……后来，在宦途上没有背景的伍长华归老家乡，翌年便病逝在金陵中正街新宅。另据《贼情汇纂》载："北王韦昌辉先住富室李姓家，移住中正街前湖北巡抚伍长华新宅。"这段记载说明太平天国时北王韦昌辉占据伍长华所建新宅。中正街伍长华新宅毁于太平天国的战火之中，伍氏后人选址今中华路152号重建家园。

关于中正街万寿宫的历史，在《白下区文物志》中有这样一段描述："明代建的万寿宫在今复成桥东，原东厂之地。清初以明皇城为驻防城，把万寿宫迁至嵩祝寺，后毁于咸丰战火。同治三年清军攻陷天京后就准备重建万寿宫，但建万寿宫需黄琉璃瓦，而一时却无此瓦，难以施工。同治十年冬在芙蓉山烧制黄琉璃瓦，然后施工，至十二年十二月竣工。"此段依据来自《同治上江两县志・建置》。另在 1935 年出版的《首都志》中有"同治十二年四月修明孝陵，六月修万寿宫于中正街"记载。清末重建的中正街万寿宫可以使用黄琉璃瓦，可见规模与等级不低。

《同治上江两县志》卷五记云："中正街北有万寿宫、火神庙、八蜡庙、上江考棚。"宣统元年（1909）一月，"宁省铁路"（俗称"小铁路"或"小火车"）全线通车，"宁省铁路"起自下关江边，跨惠民河，由金川门入城，经三牌楼、丁家桥、无量庵，沿北极阁南麓，两江师范学堂（今东南大学）后墙，越珍珠河后，在今太平南路东侧南折，经过两江总督署（总统府）东墙外，到中正街（今白下路）止。沿线设有江口（今长航客运码头）、下关、三牌楼、无量庵（后改名鼓楼）、督署（后改名国府、长江路）、万寿宫（后改名中正街、白下路）共六个车站。万寿宫（后改名中正街）终点站就设在今长白街东侧与白下路交会处。

综上所述，中正街万寿宫建成于清同治年间，直至民国年间犹存。之后可能因日军侵略南京战火焚毁而消失。

评事街万寿宫是江西会馆所在

评事街原名"皮市街"，是一条有一千多年历史的名街，也是元、明、清三朝南京最繁华的商业区。明代《南都繁会景物图卷》（简称《南都繁会图》）中描绘的最繁荣的南市街至北市街中心位置，正是评事街地段。

据石三友著《金陵野史》介绍："评事街的南段万寿宫是城南一座很有名的建筑，为祝贺西太后寿辰而建成的。每逢元旦或其他盛大庆典，自两江总督以至各府道的文武百僚，都要全副仪仗，到万寿宫恭请圣安，仪式极隆重。沈葆桢督两江时，某年元旦，循例齐集万寿宫，有千总李某身怀凶器，伺机狙击其仇家某游击，当场被捕。沈立批：'万寿宫何地，元旦何日，白天持刀何故？……仰就地正法！'可以想见当时万寿宫的威严。""江西会馆即万寿宫，江西人在南京多业磁器，往昔自水西门至三山街，磁器店到处可见，所以会馆设在评事街。"民国潘宗鼎撰《金陵岁时记》载："正月八日，十三日，十五日为灯节，洪杨未乱之前，凡庵庙皆上灯。同光间，惟天青街之白衣庵最盛。评事街之江西会馆，门东之天喜长生祠，堂子巷之财帛司亦然……"民国夏仁虎撰《岁华忆语》载："新年灯市，旧聚于评事街，迤北至笪桥市。近年则夫子庙为多。"从以上记载，可知评事街万寿宫（即江西会馆）的灯市最为精彩。

此外，在《金陵胜迹大全》中所附《南京地区各级文物保护单位表》中，找到编号为463的万寿宫门楼，所在地为评事街江西会馆，列为原建邺区文物保护单位。目前该会馆汉白玉门匾藏于南京市博物馆。

为了进一步弄清评事街万寿宫的具体范围，笔者多次前往该地区探访，据曾居住在评事街地区的90岁以上老人回忆："万寿宫的范围大致在评事街以西，南市楼以南，程善坊以东，升州路以北。老坊巷正对面就是江西会馆。江西会馆大门骑楼最有特色，会馆立面原来都是用瓷砖砌成的，非常壮观。小时候，我路过时还看到门楼上面站立一排50公分高的彩绘小瓷人。朝南是门楼，朝西是戏台，每逢过年过节，江西瓷器商人都集资出钱，请戏班子演大戏。小孩们不收门票，图个好玩。在会馆后门的泰仓巷14号，还有座江西人开办的江西古南书院，专门培养江西商人子弟读书。凡在全国经商的江西人，去万寿宫居住均为免费。”还有一些老人向笔者介绍，江西会馆以西的又新池浴室，南市楼旁的多座茶馆，都是江西人休闲谈生意的地方。目前大板巷以西，千章巷、绒庄街以南，红土桥以东，升州路以北地区，正是江西人长期在南京生活形成的社区，万寿宫（江西会馆）就是古代江西人在南京设立的服务中心。老人们都说江西会馆前身是万寿宫，是南京地方官为祝慈禧寿诞而建，每逢其寿诞或国家大典，文武官员都要来此恭请圣安。1958 年改为酱菜厂，曾是“酿造集团物流配送市场”。

其实，江西人最早建万寿宫并不是为了慈禧太后。像福建人在各地修建天后宫，供奉妈祖，作为福建会馆一样，江西人也在全国和世界各地修建江西会馆——万寿宫，供奉许真君。历史上江西人最热衷于建万寿宫。据不完全统计，现在国内外江西籍人士建成的万寿宫有 1300 多座，这些万寿宫还有许多别名，如江西会馆、江西庙、江西同乡馆、豫章会馆等，他们共同供奉一个神——许真君（许仙）。万寿宫供奉的许真君是何路神仙呢？据文献记载：许真君，原本姓许名逊字敬之，祖籍河南汝南。东汉末年，社会动乱，其父许肃避地来南昌。三国吴赤乌二年（239），许逊出生于江西南昌县长定乡益塘坡。相传许逊生性聪颖，博通经史，精医理道术。西晋太康元年（280），许逊 42 岁时，出任四川旌阳县令，居官清廉，经十年的精心施政，将这个岁岁饥馑、野有饿殍的地方，治理得社会安定，户口繁衍。当时这一带疫病流行，许逊为民治病，药到病除，活人无数。是故，当时的旌阳县民无不对许逊感恩戴德，爱之如父母。后许逊辞官回归故里，当时江西各县洪水为患，他即组织群众治水救灾，并取得了显著的成绩。由于当时人们对大自然认识的局限，以为涨大水是蛟龙出世，洪水为患，也就被认为是蛟龙为患。因此，许逊被附会成了能仗剑布阵、擒斩孽蛟的法力无边的神奇人物。经过一千多年的演变，历代统治者又加以渲染，许逊就成了充满神话传奇和迷信色彩的道长神仙了。

江西商人依靠盛产瓷器的优势打开市场销路，背井离乡的江西人，抱团在江西会馆周围，共同捍卫自己的利益。许逊的诚信济民精神，成为江西人的精神支柱。后来者居上的晋商、徽商多效仿江西人建万寿宫（江西会馆）的做法，建立自己的会馆。到了清末，评事街万寿宫被财力丰厚的江西商人装修得高大巍峨、气势不俗，地点正处在城中便利要道，且“万寿”字样正迎合南京当地官员为慈禧祝寿的心思，故每年慈禧寿辰，省、府、道等各级官员齐聚这里举行盛大祝寿庆典，竟成惯例。南京老百姓因此误以为万寿宫是南京地方官为祝慈禧寿诞而建。

万寿宫后门的泰仓巷14号，还保存有“江西古南书院”旧址，石质门额保存完好。江西古南书院最早是明代末期由景德镇三大帮派之一的“都帮”（江西都昌籍商人团体）兴建的，是景德镇四大书院之一。书院文化与景德镇的瓷器文化紧密相连。江西景德镇瓷器商人到南京评事街扎根经商后，紧邻着江西会馆，开设起家乡的古南书院南京分院，希望自己的下一代在南京这座文化名城的名师指导下能取得好的功名，光宗耀祖。若科举获得朝廷官职可增加江西人的话语权，维护在宁经商的江西老乡的利益。古南书院在20世纪80年代初第二次全国文物普查中被列为文物保护单位。由于该处为民居，所以一直没有真正保护起来。近年来因南捕厅改造项目的实施，许多新闻媒体与民间历史爱好者经常到古南书院所在的泰仓巷拍照宣传保存完好的清末民居，古南书院的情况渐为外界知晓，但愿后期会将古南书院规划到城南古民居的保护计划中。

南京城南弓箭坊的“武举石”

陆　晖

2021 年 11 月，一位南京城南老居民告诉笔者，他居住弓箭坊高层小区正在进行出新，清理了废砖乱瓦之后，一块长方体青石从小区一角暴露出来，引起许多居民的注意。这位老居民认为，这块石头与古代科举考试有关，希望能挖掘出它背后的故事。

根据照片，初步可以确定，这块石头是明清时期武科考试中测试考生体能的器具——磸石，俗称“武举石”，因这项考试科目名为掇石，有人也干脆被称它为“掇石”。

武举考试与掇石

我国科举制度始于唐代，分文、武两科，武举稍晚于文举，由武则天于长安二年（702）始创，至宋代得到进一步发展，明清时期（尤其是清代）达到兴盛，最终在清末因冷兵器时代结束而废止。千百年间，武举制度为国家选拔了大量军事人才，其中不少人成为名将。

虽然各时期武举考试内容有所不同，但对考生的力量、体能都有一定要求。唐代有翘关、负重两项测试，其中翘关就是测试臂力，要求考生手持长木棍一端抬举十次。宋代虽重文轻武，降低武科要求，取消了专门的举重考核，但在弓步射、马射项目上仍然要求拉力达到一定标准。到了明末，崇祯四年（1631）武举开刀石科目，掇石便开始成为武举考试正式项目。

清代的武举制度展沿袭明代，但规则更加严密、规范。武举考试分童试、乡试、会试、殿试四级，前三级考试流程基本一致，共有三场，其中第一、第二场为外场，考武技，第三场为内场，考笔试。三场考试采取逐场淘汰制，每场考试合格方可进入下一场。

第一场试马箭，第二场先试步箭，合格后再考技勇。技勇都是力量考核，首先是开弓，弓有八力、十力、十二力三等，限三次拉成满弓；其次是舞刀，刀有八十斤、一百斤、一百二十斤三等，需前后胸舞花；最后就是掇石，所用石头便是这种长方形石块，左右有可以放进手指的半圆形凹孔，分二百斤、二百五十斤和三百斤三个等级。考生须将石块提起，离地一尺，上膝或上胸，动作须一次完成。三项技勇考核都为三号者不合格，须有一、二项为头号或二号，方准进入第三场笔试。

第三场试策论，因习武者文化水平普遍不高，考核也相对简单很多，有时甚至就要求考生默写一段《武经》走个过场。

掇石是外场考试的最后一项，考生历经逐场淘汰，层层闯关才能抵达。掇石全凭实力，毫无取巧可能，可谓成败在此一举，是武举考试中非常重要的一项考核。很多参加过武举考试的习武者会保存一块练功用的石头作为纪念，这就是各地民间至今还能看到的老物件“武举石”。南京也不例外，除了中国科举博物馆陈列的几块，逸仙桥附近的龙蟠路“金陵石锁园”里也有三块。

那么，弓箭坊的“武举石”又有什么来历呢？

揭开武举石的隐秘身世

石头静静地卧在小区角落的空地上，并不起眼。经测量，石块高约69厘米，宽约39厘米，厚约26厘米。石头的大小、形制，与逸仙桥金陵石锁园里最大的一块“武举石”非常接近，四面各有一个洞孔，深度刚好可以容手指伸入抓举。石块上有刻字，向上的一面刻着三个字——“丙子科”，在石块的侧面也有两个字——“江宁”。石头很重，两个人才能翻动，估计重量要有三百斤，属于武举考场上的“头号石”等级。翻过来，背面还有三个字——“有斐堂”。其他位置，似乎还有些坑坑洼洼的刻痕，不知道是文字还是饰纹，已无法辨识。虽然三面加起来一共只能看出八个字，但已可以解读不少信息——

首先，三面刻字笔迹一致，书法与刻工水准都不太高，并刻有家族的堂号，因此判断这块石头不是考场上的公用考试用具，而是属于民间私人所有，且三面文字系一次性刻成。

“江宁”，是清代南京的名号，表示考生籍贯属于当时的南京，江宁府或江宁县。

“有斐堂”，是家族的堂号。将堂号刻在石头上，说明这是一件为家族带来荣耀的物件，这位考生显然取得了功名。旧时习俗，中武举者将自己平时练功使用的礅石刻上乡试年份、家族堂号等，立在祠堂前，以示光宗耀祖。类似的习俗还有“旗杆石”，如果家族有人在科场考中功名，就会在祠堂前立一对旗杆石，竖立大旗以彰显荣耀。

“丙子科”，即丙子年举行的武科考试。清代的武举考试，分正科和恩科，正科每三年举行一次，恩科在皇帝登基或者皇帝、太后大寿之日举办。武举乡试逢子、午、卯、酉年举行，会试辰、戌、丑、未年举行，所以这位考生在丙子年参加的是乡试，并取得了功名。

清代武科，自顺治初年下诏举办，至光绪二十七年（1901）废止，前后历九帝二百五十六年，其间有四个丙子年，分别为康熙三十五年（1696）、乾隆二十一年（1756）、嘉庆二十一年（1816）、光绪二年，这位考生是哪一个丙子年参加的考试呢？

答案其实已经写在石上。“江宁”的“宁”字，在这块石头上被刻作“甯”，这说明刻字年代在道光之后。为避道光皇帝名讳“旻宁”，道光之后“宁（寧）”字一律改写作“甯”。

前面列举的清代四个丙子年，只有光绪在道光之后，因此这个考生参加考试的年份是光绪二年。

确定了具体年份，我们再试着找找这块“武举石”的主人。

《光绪续纂江宁府志》编撰于光绪七年，卷十二《科贡表》记录了清代江宁府境内历年文武科举获得功名的名单。其中武举人一项，光绪二年丙子科并补壬戌科一栏，共有12人，“武举石”的主人应该就在12人之中。名单如下：

江宁府（驻防城，满人）：吉勇、全文、双勇、宝恩；

上元县：郑国清；

江宁县：汪寿仁；

江浦县：张志锐；

六合县：任汶、段宗和、达春芳、夏安邦；

高淳县：刘瑞荣。

值得注意的是，籍贯为江宁县的武举人仅有一人，名叫汪寿仁。弓箭坊在清代属江宁县，石上“江宁”二字更可能指的是江宁县，因此汪寿仁极可能就是这块石头的主人。

真正的“南京武举石”

在南京，像这样的“武举石”不止一块，比如逸仙桥畔金陵石锁园里的“夺魁堂”礩石，就与这块非常相似。

“夺魁堂”礩石重达三百斤，刻有“同治丁卯菊月立”“夺魁堂”“长白孙午桥置”许多字。这些字应是石头主人孙午桥（从籍贯长白看，他是东北人，可能是旗营的）为了激励自己，在乡试前（菊月为九月，乡试在十月进行）刻石励志。很可惜，《光绪续纂江宁府志》同治丁卯科武举人中无一人姓孙，这位孙午桥考场夺魁的愿望显然未能实现。

与“夺魁堂”礩石相比，弓箭坊的“武举石”显得非常低调朴实，但上面扎扎实实刻着“丙子科”“江宁”等字，表明它具有的不平凡身份。像这样明确带有南京印记的“武举石”，在科举博物馆陈列品中似也未得一见。它是难得的南京武举史物证，是一块真正的“南京武举石”。

弓箭坊高层小区建于20世纪90年代末，李府巷当年就从小区里穿过，街巷两侧曾有许多深宅大院。这块石头的位置当年就是人家的院落，它很可能是在20多年前老城改造拆迁时，因难以搬运而被留在原地，一直深藏在瓦砾、什物堆里，直到这次小区出新才完全显现出来。

2021年年底弓箭坊高层小区出新工程完毕后，当地社区已采取措施，将这块“武举石”在原地进行了保护。

南京中苏友好馆

谷万中

在南京市中心，繁华的中山东路上，曾经有一座造型别致的沿街楼，灰红相间的立面，十分端庄。它一度是新华通讯社江苏分社的办公楼，如今已经拆除，与人们渐行渐远了。年轻朋友可能不知，它的前身叫中苏友好馆，堪称南京的中苏友谊之“窗”，是当年南京市民时常念叨的一处重要场所。

中苏“蜜月”时期的南京

20 世纪 50 年代，是中国和苏联两国关系的“蜜月”时期，双方共同签署了《中苏友好同盟互助条约》，苏联当仁不让，充当起“老大哥”角色，在工业、农业、国防等各个领域，为中国提供援助并派出大批专家前来指导、帮助。

这期间，国家、省、市、区各级机关、团体均成立相应的中苏友协组织，人们以成为会员而感到荣耀。以鲜艳红旗为背景，镌刻着毛泽东和斯大林两位伟人头像的友协徽章，炙手可热。在大中学校里，高年级同学以与苏联学生通信为豪，学生中间以学俄语、唱苏联歌曲、跳交谊舞引领时尚。为了适应潮流，不少英文教员突击恶补俄语，我初中的俄语老师原先就是教英语的。南京不少大中学校、大型工矿企业及科研院所等，都派驻有苏联专家。客观说，这些专家为促进中苏两国人民间的友谊做出了很大贡献。

孙中山先生的夫人宋庆龄女士担任中苏友好协会会长，在来南京视察时，她慷慨地将自己荣获的一笔国际和平奖奖金转赠给南京人民。利用这笔资金，南京市在风景秀丽的玄武湖公园樱洲，建造了一座蜿蜒曲折的长廊，命名为“中苏友好长廊”。1954 年长廊建成，长度绵延达 304 米，颇为壮观。长廊南侧一字排开的是世界各国友好城市代表团历年种植的友谊树。

值得一提的是，长廊建筑全部为毛竹所打造，造型十分别致，竣工以后立刻成为南京市民畅游玄武湖公园时必去之地。廊内陈列的中苏友谊宣传画和各种精美图片，深深吸引了大家的眼球。

我至今记得，当年在中山东路体育馆门前，也设置了规模宏大的“中苏友好画廊”，长逾百米，展出内容尤其丰富，每天吸引无数的南京市民前往观赏浏览。

我也穿过“列宁装”

20 世纪 50 年代末，苏联领导人赫鲁晓夫到中国访问时曾经提出，中国的服装不符合社会主义大国形象，号召中国人穿花衣，体现欣欣向荣的面貌。一时间，中国广大城乡苏联“大花布”和“布拉吉”流行开来，我的童年时代就穿过花布衬衫。“布拉吉”是俄语音译，即连衣裙。这种款式健康、活泼，不做作，在全社会流行了许久。

苏联服装对我国城镇居民的影响很大。一种有双排纽扣的干部服装，称作“列宁装”，新中国成立之初，一度成为市面最流行的服饰。它是与“中山装”齐名的“革命时装”，一度成为广大公务员和女干部的标志性服饰，因此也被称为“干部服”。其式样为双排扣西装开领，双排各有三粒纽扣。尽管这种服饰呈现中性化的特点，但在当时可是最时髦的服饰，体现出劳动美的本色及时代风尚。

我母亲会裁剪，平日里省吃俭用，有年过年前买来了一些劳动布（类似今天牛仔布），按照市面流行的式样，为我和弟弟两人各裁剪一套新装。上装裁制的就是“列宁装”，大翻领，带腰身的苏联式，裤子则是市面流行的“阿飞裤”。所谓“阿飞裤”，即小裤脚紧身裤。该款服饰的特色在于，使用缝纫机，用白色丝线，将裤缝、裤脚管等处用两行直线扎制，十分扎人眼球，可说时髦之极。

难忘中苏友好馆

当时，全国各地纷纷建立相应的友好活动场馆，遗憾的是，南京没能像北京、上海、广州、武汉等大城市那样，建设具有苏联风格的苏联展览馆或中苏友好大厦。与前者相较，南京中苏友好馆朴素且实用，它就设在中山东路上的一栋大楼内。

在我的记忆中，它通体栗褐色，层高好像有三层。它是全省中苏友协活动的组织和指导机构，中苏友协江苏分会的驻地，这里经常会举办各类展览，向人们介绍苏联和东欧国家的社会主义建设成就。馆内设有图书馆和阅览室、活动室等，供人们学习和开展娱乐活动，还有一处简朴玲珑的电影馆，专门放映苏联和东欧兄弟国家的影片。

60 年代初期，随着中苏关系日趋紧张，市内电影院一般看不到苏联电影，只剩下中苏友好馆还在放映苏联老电影，深受大中学生们的欢迎。

我也数次在电影馆观看过苏联电影，故事片《坚守要塞》留给我的印象最深。故事梗概是：1941 年 6 月，德国法西斯突袭要塞布列斯特堡，向苏联大举进攻。边防军团长巴杜林率领他的部队，为保卫祖国的每寸土地，与法西斯战斗到最后，使敌人遭受重创。作品歌颂了苏联人民坚韧不屈、百折不挠的斗争精神和英勇顽强的大无畏气概，是典型的一部“硬汉”故事片，“战斗民族”的形象在我的脑海里打下了深刻印记。

记得在“文化大革命”前，这里推出苏联电影《红叶》，一票难求。到后来，中苏友好馆也很少放映苏联电影了，最终转向成为南京一家小有名气的“二轮电影院”。

阔别南京的私塾

谷万中

如今，在南京城南阡陌纵横的巷子里，偶尔还能听到这样的问话："你家小孙子进馆去了？"乍一听到这样的说法，非但外地人会感到纳闷，就连南京本乡本土的年轻人，恐怕一时半会儿也难以道出个所以然来。说出这话的人，年龄多半是六十开外的老人。那么，何谓"进馆"呢?

说来其实也很简单，进馆就是上学的意思，是一句南京土话，它与过去的一种教育形式私塾有密切关系。私塾又称"门馆"，亦作"蒙馆"。蒙馆，顾名思义，就是旧时对儿童进行启蒙教育的机构。

写到这里，大家应该就明白了，进馆就是进门（蒙）馆。解放后，私塾教育逐步淡出，取而代之的是各类学校，然而，进馆一词，却被老南京人沿袭至今。

从古代起，南京就有私塾，这是一种古老的教育体制。由于办学的规模小，费用较低廉，形式又很灵活，所以私塾对于那时教育的普及，实在是功不可没。至清末民初，虽开始实行新学制，但私塾仍然很活跃，在南京城南一带，一条街巷前后就设有一至两所，农村则一村或几村便有一所。直至近代，南京私塾曾经遍及城乡，此后又延续了四五十年。

私塾是旧式家庭、宗族或教师自己设立的教学处所，采用个别授课的教学方法，十几个或几十个年龄不同，程度不等的学生同窗读书，学习的教材有《益幼杂字》《幼学琼林》《对类指掌》《三字经》《百家姓》《千家诗》《女儿经》《古文观止》等。到了清末废科举、兴学堂时，私塾又加授了修身、珠算、国文等课程。

私塾的教学方法，是先生讲学生听，先读音后讲字意，先诵课本后搞习作，死记硬背。规矩极其严格，先生常常会滥用戒尺，体罚学生的现象也是司空见惯。但是却注重写字的练习，不多指导，从描红入手，然后摹写塾师手写的影本，最后再临写颜、柳、欧等字帖，因此在那时候，凡是私塾出来的人，大都能够书写一手漂亮的毛笔字。

南京在各个时期都曾经涌现不少名师硕儒。20 世纪 30 年代，在家设帐授徒的塾师，亦称“门馆先生”，名气最大的当数门东的丁鸣午，门西的卢橘生、王东培、窦友芝等。

民国初期，凡私塾学生启蒙之书，皆是由南京两家著名书庄——李光明书庄和汤明林书庄提供。李光明书庄的主人李光明，字椿峰，号晓星樵人，室名何陋居，设肆于金陵聚宝门内，三山街大功坊附近的秦状元巷中，并设分肆于状元境口的状元阁。据所刻《书经》刊叶目录记载，李光明书庄共刻印了 167 种书。据传本所见，刻书用两种字体，一种是宋体方字，占多数；一种是刻写欧体楷书，如《益幼杂字》，字体书写秀劲。书版多委托金陵唐鲤跃雕镌，旌德李鸿才校字。李光明书庄刻印的书籍，纸墨刊工俱佳，在当时坊本中是最好的，因此，在南京城里享有盛名。南京民间还流传一则脍炙人口的歇后语，就是由其引发的，玩牌以后的输家往往自嘲：我是李光明家的伙计——做书（输）。

随着各类新式学校的蓬勃兴起，私塾教育渐渐式微，南京解放以后至 1956 年时，仅一个建邺区，尚存私塾近十家，学生数百名。自从“大跃进”开始以后，私塾这一中国历史上重要的教育“载体”，终于在南京这块土地上消失了。

南京钓鱼巷寻根话旧

王重阳　左中仪

两位帝王垂钓处

“钓鱼巷曲水亭幽，隔水平衢入花里。”这是明代大戏曲家汤显祖在《送安卿》诗词中描写当年南京钓鱼巷的景象。

旧日的钓鱼巷（包括东、西钓鱼巷）位于淮清桥东南、大中桥以西、建康路东段南侧、内秦淮河北岸，在一个形似“足靴”状的区域之中。相传，明武宗朱厚照曾在此地游花船、观花灯时不慎将玉壶掉落，因此取名“玉壶坊”。后来，这位大明朝第10代皇帝又曾在此钓鱼，故将附近的街巷命名为“钓鱼巷”。

徐珂《清稗类钞》载：“钓鱼巷者，明武宗钓鱼之所也。”如今，在白鹭洲公园内的白鹭岛附近水边立有一块太湖巨石，上镌刻有“御龙池”三字，讲述的就是“明武宗钓鱼落水”的轶事。明朝皇帝朱厚照南巡之时，曾到武定桥畔徐太傅东园（即今白鹭洲公园）赏景垂钓，得一条金鱼，随从官吏为讨好皇帝，竞相争购，武宗不亦乐乎，不慎落水。清《秣陵集》中有诗云：“太傅勋劳重，名园夹岸开。诗人题凤去，帝子钓鱼来。祠墓残碑在，河山故国哀。斜阳话金粉，白石黯秋苔。”

又传，二百多年后，清高宗乾隆皇帝下江南时也曾来此垂钓，并亲题御书“钓鱼处”。

旧日南京秦淮河畔的一条小小街巷，却能承蒙明清两位帝王的大驾光临，足以令人刮目相看。

明清婵娟粉影地

清《续板桥杂记》载，当时的秦淮河两岸“户户皆花，家家是玉，冶游遂无虚日”。到了三年一次乡试之时，来自两江各州府县学子前来应考，闲暇之余光顾钓鱼巷者大有人在。有钱的会“挟重赀、择丽姝侨寓焉”，没钱的则“挈伴闲游、寻莲访藕”，乃至于形成了科举文化中极其另类的一面。

东钓鱼巷曾有一座老郎庙。此庙原本供奉的是梨园界祖师爷唐明皇李隆基，但过去戏行和娼行在职业上有一定相关性，这里逐渐演变成祭祀娼神管仲的场所。旧时每年农历正月、六月、十一月的十一日，来老郎庙拈香拜祖赶庙会的人络绎不绝。赴会者常极意修饰，陈设鲜妍，并要求平日所欢者为之设宴张乐，名气愈大则酒宴愈多，故谓之“作面子”。据《中华全国风俗志·江苏》引《岁时琐志》载：“六月十一日之会为尤盛，灯红酒绿，丝竹嗷嘈。是时秦淮河一带，两岸则窗开水阁，鬓影衣香；河中则画舫灯船，往来梭织。五陵年少，意气自豪，一日夜之间，所耗不止中人产焉。”

晚清大吏“钓鱼”人

晚清南京官吏中也有一名“钓鱼”的高手，此人就是攻克太平天国天京的湘军将领曾国荃。1884年，曾国荃就任两江总督，他不但不禁秦淮声色，反而时常寻欢作乐，成了钓鱼巷的熟客。

当时，两江总督衙署的东、西辕门上分别刻有“两江保障”和“三省钓衡”横额，以颂其运筹帷幄、治理公平。而南京百姓却有意将其读成“两江呆人障”和“三省钓鱼行”。（将“保”字拆读为“呆人”、“钓”字粗看为“钓”、“衡”字拆开念成“鱼行”）暗喻后台老板曾国荃是“鱼行”里坐收贿赂的“呆人”，其幕僚们都是“渔人”，日夜地在钓鱼巷里“钓鱼”。钓鱼巷由此又变成了“钓鱼行”，平添了几分讥讽和戏谑的色彩。

后任的江宁布政使兼护理两江总督的樊增祥，特意写了一首打油诗《钓鱼行》来嘲讽他的前任曾国荃：“秦淮画舫暖围春，时有鱼郎来问津，闲坐河房思误字，钓衡谁是钓鱼人。”

无独有偶，徐珂在《清稗类钞》中如是评价清末两江总督刘坤一（谥号“忠诚”），曰：“晚年督两江，则暮气乘之且烟霞癖甚深，故军政吏治一切守故常，不复图振作。而幕客亲私无所事，惟日于秦淮溪边钓鱼巷中歌舞为乐，谋差营缺者，亦皆奔走于其间，忠诚声誉遂年衰……以拆字法易之曰：‘两江呆人障，三省钓鱼行’。”

纵观曾国荃、刘坤一等封疆大吏晚年的作为，清朝官吏的腐败与堕落可见一斑。

【灯下漫笔】

纪念卓友渔恩师

陆 晖

《秦淮夜谈》（第30辑）组稿之际，承蒙主编邀约，成为撰稿作者，深感荣幸。为《秦淮夜谈》撰稿，其实也是我的一桩夙愿，因为我最敬重的恩师卓友渔先生也曾是这份刊物的老作者。

卓老师本名家纶，友渔是他的字，20世纪20年代初出生于江苏睢宁的一个典型的中国地主家庭。面临动荡的政局、战争的逼近，卓家必须苦心经营，依附各种势力，才能在与外姓的明争暗斗中保住自己的利益。但在多方势力碾压下，这个大家族最终还是无法逃脱走向分崩离析的命运。

在经历了一场匪患之后，童年的卓友渔随家离开故乡卓圩，迁往南京避祸。他在南京度过了难忘的小学、中学时光。七七事变以后，战火弥漫，他们一家在多地辗转避难，于各种势力的夹缝中苟且求生。乱世之中，卓友渔先后就读于沦陷时期的中国公学和抗战胜利后临时建立的南京临时大学，最后转入中央大学中文系，授课老师不乏当世名士，如汪辟疆、乔大壮、卢前、罗根泽、胡小石等。当他从中大毕业时，已是1948年7月。数月之后，百万雄师过了大江。

卓友渔在身为中共地下党员的姐姐影响下，憧憬着新中国的来临，他拒绝了好友的邀约，留在南京迎接解放。在新社会里，他结了婚，有了自己的小家庭，又当上了中学教师，彻底从一个地主家的少爷转变成自食其力的劳动者。他积极参加思想改造，努力让自己融入革命群众的行列。然而，1955年，因为与生俱来的家庭出身和莫须有的罪名，他蒙受不白之冤，被打入另册，成为永久的改造对象。

为了生存，当不了教师的卓友渔，先后变成了街道的誊印工、农场的运粪工、煤炭厂的板车工和菜场的垃圾工。即使在人生最艰难的时刻，他仍不失读书人本色。在娃娃桥囚室里，他自学汉语拼音，给囚友讲《聊斋》故事；劳改途中船上，他对着江景赋诗一首；在劳改农场里，他边干活边吟诗，体会到“远树唯余末，近村不见人”的古诗意境；在大马路上，他一边拖着板车一边构思故事情节，用脑中虚拟的人生悲欢抵御现实的冷雨凄风。出门风雨兼程，归家诗酒为伴，自撰的“举酒独邀明月伴，绝交几见故人来”对联，是他当时心境的写照。卓老师曾说，敢于自杀的人才是最不怕死的。但如果设身处地，有几人能在遭遇如此重挫之后，可以依旧保持内心的清洁与宁静，坚强地活着，履逆旅如行坦途呢？虽沦为贩夫走卒，仍不失骨子里的六朝烟水之气。我的老师具有一颗多么高贵而勇敢的心！

卓老师的前半生，如同小说《白鹿原》《活着》部分情节的现实版，跌宕起伏。好在，度过了漫长的艰难岁月后，我的老师终于等到命运的再次转折。

1979 年，卓友渔重返中学校园，他持起久已生疏的教鞭，再次被称为卓老师。这一年他已 59 岁，别人接近退休的年纪，对他来说，青春才刚刚重新开始。他终于又回到了他最热爱的岗位了。

我有幸在 1984 年秋进入南京六中高二（3）班文科班，从此成为卓老师的学生。在所有老师中，卓老师年纪最大，却开明而可亲，没有一点想象中的迂腐之气。他古文功底深厚，大段大段的古诗文随口背诵如信手拈来。讲课至兴起时，双目微闭头颅后仰作陶醉状，往往引得我们窃笑不已。他真是个可爱的老头儿！

卓老师授课，尤看重作文写作，不喜堆砌辞藻而内容空泛的文章，倡导作文不拘一格，无论观点是否符合当时的“主流”，只要言之成理，言之有物，均会予以鼓励。这在我经历过的语文老师中是非常另类的。卓老师曾提起，他有个调皮学生在作文里写自己打架的事情，由于文字生动，居然也得到他的赞扬。蒙卓老师错爱，他常常当堂诵读我的作文以示鼓励，却也惯出了我写文章喜剑走偏锋、语不惊人死不休的毛病，以致在高考时作文我也敢口无遮拦，终在分数上吃了点亏。老师曾自谦说他不是一个好教师，以误人子弟而自责。如果仅仅以应试教育的结果来衡量，这个说法也许是成立的。但老师教会我要敢于抒发自己内心真实观点，敢于藐视一切“正确答案”的人生态度，却成为伴随我一生最宝贵的品质，这远远不是一次高考语文高分所能替代的。

教完我们这届后，卓老师继续教书育人，被学校一再留用，直至1990年南京六中百年校庆后，年届七十方才退休。

卓老师平生爱好文史，退休后笔耕不辍。1991年秋，他接受当时的白下区文物事业管理委员会委托，执笔编撰《南京市白下区文物志》。对前人留下的资料，他没有简单抄录，而是经过认真考证后予以取舍，努力纠前人所失，还历史原貌。为编写这本《文物志》，他白天到现场勘察，夜晚在斗室翻书，往往乐而忘返。全书160个条目，都是经过实勘、根据著录综合写成的。《南京市白下区文物志》初稿于1993年5月完成，又在广泛征集专家、学者意见后加以补充，前后三易其稿，终于在1995年正式出版。1997年，该书经南京市社会科学联合会审定，被评为著作三等奖。

在编写《南京市白下区文物志》过程中，秦淮区方志办的仇良矩先生给予卓老师很大帮助，并邀他为《秦淮夜谈》撰稿。自20世纪90年代初至21世纪初，卓老师撰写的多篇文章在《南京史志》《秦淮夜谈》《白下文史》等刊物上发表，其中在《秦淮夜谈》发表的文章有《曾氏祠堂知多少》（1993年第8辑）、《逍遥楼》（1994年第9辑）、《一代文星陆士衡》（1996年第11辑）。

卓老师的自传《刍狗传》于1998年完成初稿，至2005年定稿，收录在他的自编文集《雪泥鸿爪》中。该自传共22章，约20万字，叙事跨度近百年，除讲述他自己的人生故事之外，更展现了大时代下的家族兴衰。书中随处可见各时代的乡俗民情、野史逸闻、文人雅趣、城南旧事，尤有趣味，且具有相当史料价值。卓老师像当年在课堂上讲课一样，文史掌故如数家珍，信手拈来，读者如行山阴道上，目不暇接。自传之名取自老子《道德经》：“天地不仁，以万物为刍狗；君子不仁，以百姓为刍狗。”历经人世沧桑的卓老以“刍狗”自喻，当有感叹半生浮沉之意，但我更能感受到的，是他以卑微之躯对抗不公命运的傲然不屈。

2016年夏秋之际，我前往江宁爱涛漪水园“侃庐”，拜访那时已96岁高龄的卓老师。他仍是那样精神矍铄，思维敏捷，记忆力超强，谈起往事滔滔不绝，声若洪钟，还兴致勃勃地为我们文科班毕业30周年同学聚会书写了对联：“卅年桃李皆成果，一笑相逢忆昔时。”笔法依然遒劲，殷殷之情，跃然纸上。

2020年秋，我和同学们又去探望了卓老师。此时他因长期卧床，与外人沟通不便，却依然能一眼从人丛中认出我来，还记得我的名字，说：“你就是那个作文写得好的学生！”此情此景，令我感动万分、惭愧不已。那一次，他显得非常开心，一直在笑。

2022年1月28日晨，我敬爱的卓老师驾鹤仙去，享年101岁。

时至今日，每当我经过复成新村旁的马路街，都会在一幢民国小楼前驻足片刻。这是卓老师执教六中时居住的地方，当年我曾在此聆听教诲。老师教我如何读书、做人的话语，仿佛仍在耳边回响，我将永远铭记不忘。

我与“新百”

谷万中

提起“百货公司”，或曰“新街口百货公司”，如今的年轻人怕是知道的不多，然而，老南京们还在念念不忘这个昵称呢，它就是今日南京“新百”（南京新街口百货商店）的前身。

早先的百货公司，是南京一座不起眼的平顶三层沿街楼，灰色的外衣，没有刻意的粉饰。要知道，它是一座旧政权于解放前夕才开工建设，连脚手架都未及拆除，便匆匆回到人民手中的普通结构的商业建筑。1952 年 8 月，它在震天价响的鞭炮和锣鼓声中隆重开业，曾用名“国营中国百货公司南京市分公司”，是南京首家国字号百货零售企业，持续经营至今，堪称南京商界一艘“不沉的航空母舰”。

助力“过坎”“新百”伸援手

我是“新百”成长、壮大并走向辉煌的见证人，长期以来，心底始终留存着与解放初期诞生的“新百”难以割舍的深厚情结。“新百”开业时我才 4 岁，开业当天新街口的盛况我还依稀记得。此后不久，它给予我家的恩情令我永志不忘。

新中国成立不久，国家面临诸多困难，曾经开展过鲜有人知的减员整编。在银行工作的父亲，因年龄原因“下岗”了。母亲原本就是家庭主妇，面临巨大的变故毫不气馁，毅然走出家门刻苦学习缝纫，进行生产自救。就在这当口，“新百”正好推出一项“分期付款”政策，帮扶纾困，俨然是场“及时雨”，助我家渡过了人生的这道坎。我们仅需首付很少一部分货款，即可将南京战斗机械厂生产的一台缝纫机抬回家，解决了燃眉之急。我清楚地记得，我随同父母一道办理好购买手续，提货地点是“新百”在汉中路上的一个仓库，缝纫机是用草绳包装的散件。

首屈一指“网红打卡地”

20 世纪五六十年代，“新百”门前一长溜广告橱窗，在南京可谓独树一帜，领潮整个商界。橱窗设计新颖，展品时尚诱人，艺术水准高超，美观且靓丽，堪称南京的“第一窗口”，深深吸引着摩肩接踵的广大路人。记得那时，到新街口看“新百”橱窗，也是人们闲暇时光一种惬意享受呢。用现在的词来形容，新街口这处宝地是南京首屈一指的“网红打卡地”。

每每夏季来临，“新百”门前人行道上，总会搭起令人叹为观止的竹席凉棚，碗口粗的一根根毛竹直冲楼顶，一张张芦席将人行道遮掩得严严实实，形成一个长达数十米的“阴凉隧道”，场面十分壮观。它是商家招揽顾客的一种措施，更体现出“新百”人对广大民众的回馈和关爱。

由于那些年物资匮乏，每天早晨在商店营业之前，“新百”大门口总挤满了顾客，一俟大门开启，人们蜂拥而入，争先恐后奔向各自梦想采办商品的柜台。在物质极大丰富的今天，此情此景是一去不返了。

忘不了的“飞鸽姚师傅”

当年全国十大百货商场之一的南京“新百”，可是一家名副其实的大“百货”店呢！连针头线脑都能在这里找到专柜，亲民又接地气，以致“到‘新百’买”，成为南京人的一句“口头禅”。

“新百”服务宗旨就是热心为顾客，真正童叟无欺，让人舒心又放心。长年来，涌现层出不穷的服务明星，后来成为“新百”高层的陶佩芬就是他们中间的杰出代表。

由此我想起了20世纪70年代，我参加工作不久，在这里购买自行车的往事。自行车服务部门有位“老黄牛”，只晓得叫姚师傅。那时上海产的“凤凰”“永久”最紧俏，接下来就轮到“飞鸽”了。天津“飞鸽”虽难比上海产品花哨，但骑行轻快，抢手倒是不争事实。历尽艰辛，“馅饼”终落我头上，“幸运之神”让我遇到了姚师傅。新车在他手上犹如一只驯服的猎物，很快装好并调试完毕，经过试骑，感觉良好。“我们要对用户负责”，姚师傅为数不多的话语，竟让我误以为他是“飞鸽”厂派来的现场服务人员。我至今难忘姚师傅的音容笑貌，矮胖身材，正值壮年的他和蔼可亲。50多年过去了，姚师傅，您还好吗？

永不停息的“千里驹”

南京有个赫赫有名的长江机器厂，20世纪80年代，实现“军转民”，凭借雄厚实力，向市场推出一款“蝙蝠”牌电扇，在南京全城掀起一股购买“蝙蝠”的热潮。

精明的“长江人”瞅准时机，挑选新街口这处宝地，巧露一手。

正是“新百”橱窗中那台日日夜夜永不停歇的电扇，促成许多南京人毫不犹豫接受了“蝙蝠”。夏天来临，人头上递钱，你争我抢疯购“蝙蝠”电扇的热闹场景，让人难以忘怀。

直至今天，在酷热夏天，空调开启之前的时日，我家“蝙蝠”还在不知疲倦地呼呼运转着呢。这只给家人带来清凉的“蝙蝠”，价钱大概 120 多块，“乖乖隆的咚”，当初为买到它，花了我整三个月的工资呢。

有道是，“既要马儿好，又要马儿不吃草”。还真是的，毋需加油，不用拆洗，我家“蝙蝠”，正是这样一匹“千里驹”。

光阴荏苒 70 载，如今，位居“中华第一商圈”新街口广场东南角的中山南路 1 号这片福地，依旧为“新百”所拥有。直冲云天的 249 米高的摩天大厦，恰似一座巍巍丰碑，裙楼上醒目的“南京新百”字号依然熠熠生辉，这是南京商界一面大旗，“行不改名坐不改姓”之典范。

汪伟其人

濮小南

汪伟（1604—1644），字叔度，号源长，安徽休宁人，入籍应天府上元县，居住金陵城西乌龙潭畔盋山之麓。忠耿爽直，天资聪慧。自幼好读《春秋》《左传》，尝言："忠，德之正也；信，德之固也；卑让，德之基也！"从小就树立了忠信的君子人格。弱冠之年，喜中天启四年（1624）甲子科应天府乡试举人。

天启六年，东林七君子被逮，人情汹汹，皆闭户不敢出。汪伟不顾家人与朋友的劝阻，冒险骑驴只身前往无锡，赁舟河下，慰劳诸君子。很多人对他的行为表示赞叹，同时指出这样做一定会受到无谓的牵连。汪伟笑着回答："与正人君子同日死，岂不幸哉！"展示了其过人的胆识与气概。

崇祯元年（1628），汪伟中戊辰科殿试第三甲第二百四十七名进士，授慈溪知县。治慈七年，勤政爱民，多有惠政。崇祯九年入觐，以卓异留京考选。其时，崇祯皇帝朱由检对朝廷选拔京官正在酝酿进行改革，他认为：国家中枢官员多为前朝老臣，词苑起家，迂腐守旧，不习政治，根本没法解决纷繁复杂的朝廷事务。必须改革旧制，在有实际经验的知县、推官一级基层官吏中，发掘治行卓绝者，通过考核，选入翰林，担任京官。崇祯十一年四月，皇帝朱由检亲临考场测试，汪伟应答称旨，授翰林院检讨。未几，迁东宫讲官，记注太子起居。崇祯十六年，任礼部会试同考官，分较得士二十人。其长子汪观（字我生），崇祯十五年壬午科应天府乡试举人，当时也赴北京参加会试。汪伟与其子进行了十分坦诚的谈话，说："现在国家多难，我作为朝廷之臣，身不由己。你却不一样，完全可以置身事外。如果你也入朝为官，那么你八旬老祖母在南京则如何安排？因此，只有委屈你放弃会试，回南京代我侍奉老祖母，以尽孝道。"

崇祯十六年，明朝灭亡的前一年，李自成、张献忠等已然攻占陕、川、荆、襄。朝廷大臣各自议论纷纷，无一点对策。汪伟却认真思考并分析了当时的形势，认为：当务之急是力保长江下游安然，留都南京是大明的根本，保住东南即可保固大明江山。为此，他上《江防绸缪疏》，曰："留都城周百二十里，无守城之法，止有守江之法。贼自北来，则淮为之防；自上游来，则九江为之防。故御江宁、九江，即以守金陵。宜驻重臣于武昌，建督抚于九江，并分设兵部侍郎于太平、采石、浦口，以备非常。兵额既亏，宜以卫所官舍余丁，补伍操练。修治兵船，以资防御。额饷不足，暂借盐课、漕米给之。"疏入，报闻，得到崇祯皇帝的特别嘉奖，很快采纳他的建议，设立九江总督衙门，并任命兵部右侍郎、右佥都御史袁继咸为九江总督，负责湖广、江西、安庆、应天等处军务，短时间内稳定了东南的局势，金陵之门户也因此获得暂时的稳固。

崇祯十七年三月初，李自成占领真定，兵临北京。汪伟闻讯，直接向内阁首辅魏藻德建言："当前战事紧急，亟需安排在朝大臣拒守京畿。文自内阁，武自公侯伯以下，各率子弟画地坚守。庶民及乡绅，家自为守。在京军卒分散巡察，固守京城，以待勤王之师。"魏藻德是个有才无德的无耻小人，听完汪伟的话后，皮笑肉不笑地说："叫文武百官守城，谁人领头？"汪伟立即回答："这是什么时候啦！还计较尊卑、安危！请以一副郡之衔委我负责城防。"魏藻德闻言大笑，讥其早有预谋以求升官。致使汪伟无言以对，只得自费出资购买大饼送给守城的将士。事后，汪伟寄信友人，曰："贼据真定，奸人满都城。外郡上供丝粟不至，诸臣无一可支危亡者，如圣主何？平时误国之人，终日言门户而不顾朝廷，今当何处伸狂喙耶！”

崇祯十七年三月十九日，京城陷，皇帝朱由检煤山自缢。汪伟对其继室耿氏说：“先帝已升遐，我想到宫中寻找先帝所在。生不能杀贼，死当作厉鬼殛之。你就早作准备带幼子速返南京吧！”耿氏闻言，泣曰：“我独不能伴随你殉国吗？”并在心中暗自主张。以幼子嘱其弟耿元吉急速返南。她自穿上新衣，上下缝实袖口，引刀自刭不殊，复投缳自缢而绝，时年23岁。汪伟匆匆赶到紫禁城，见众宫嫔号哭着纷纷向宫外奔逃，遍求崇祯帝遗体所在，三绕禁门不能得。遂径归府邸，见妻耿氏已投缳，欣然曰：“是成吾志矣！”因移耿氏于堂，具祀笏焚香，北向拜君，南向拜母，复提笔大书于壁，曰：“崇祯十七年三月十九日，逆贼陷城。东宫讲官、翰林院检讨汪伟同继室耿氏死节。”后录四语云：“身不可辱，志不可降；夫妇同死，节义成双。”又遗笔寄其长子汪观，曰：“呜呼！我生不辰，丁此国难。讲读之官，既无事权可为，一得之长亦不见用。惟有一死以自靖而已。继室耿氏，少年节烈，矢志不移，乃于城陷之日，恬然从我而死，使万世之后，知我朝复有赵昂发也。吾儿读圣贤书，须以忠孝自勉，勿辱先人。老母不能终养，先人丘垄不能拜扫，幼子晋生，年甫四岁，不能抚之成人，皆吾儿事也。柩不得还，以吾夫妇衣冠，招魂葬之华山张家岗，俾魂魄常得依吾父母也。凡我亲友，俱为致声。天下事，有可为，不可失忠孝念头也。”其时，幼子汪晋在旁牵抓其衣，呱泣不止。汪伟挥之不顾，自缢于耿氏之左。家童及妻弟耿元吉等冲向前去将其救下，汪伟闭目对众人说：“吾志已决，从先帝于天上，岂有贪生怕死的道理！”于是，阖以屏风，从容自尽而瞑。南明朝廷赠詹事府少詹事，谥文烈。耿氏赠恭人，并祀“旌忠祠”。入清以后，朝廷追谥文毅。其子汪观扶榇南归，葬汪伟及耿氏于句容宝华山南麓张家岗。

其时，上元名士王潢题有《华山会葬汪文烈公暨耿夫人》诗，曰："仗节人臣事，同心妇烈彰。幽宫蹲虎豹，高冢卧鸳鸯。皎日沉青镜，悲风起白杨。夜深环佩响，携手共翱翔。松槚郁苍苍，泉台影梵堂。雪翻层石浪，华满众山香。执绋荒阡外，悬碑古道旁。墓门三尺土，千载握椒桨。"青山埋忠骨，千载有余香。

旌忠祠在江宁城隍庙北侧，清代仍有赐田七十亩，春秋祀之。嘉庆二十四年（1819），全椒知县、钱塘人陈文述，因公往返金陵匝月，曾专谒旌忠祠内的汪文毅公祠堂，并题有五律一首，曰："话到前朝事，艰难怆甲申。孤忠偕继室，报国重词臣。碑碣风云护，祠堂草木春。孝陵双阙在，一为吊斯人。"悼忠以彰烈，高致而高标。

古巷老街牵牛巷

井永明

牵牛巷是位于长乐路（原邮电学校大门的对面）南面的一条小巷子，北起长乐路，南至璇子巷。牵牛巷长度仅有百余米，街巷两侧均为居民小区。街巷虽小，然而历史渊源久远。宋、元、明三朝都有重要建筑坐落于此，宋代这里有重檐翘角紫阁高耸的佳丽楼。乾隆三十年（1765），清高宗乾隆皇帝第四次南巡途中，在江宁府御览宋院本《金陵图》后，执笔写下咏史喻今的御制诗七绝六首，其中一首就是咏东南佳丽楼的："佳丽东南信莫俦，胜朝犹自建都留。赵家歌馆宁相让，别有轻烟翠柳楼。"可见佳丽楼是金陵历史上的名楼也。

元初，南京沿用宋代"建康府"之名，称"建康路"。后来，曾任职于建康路的元文宗图帖睦尔先被封王，后登基为蒙古大汗、元朝皇帝，有了"双重喜庆"之意，所以改称为"集庆路"。元代的"路"是仅次于"行省"的行政单位，相当于明清的"府"。总管府坐落于此，是当时管理地方司法民政事务兼管劝农事的行政机关。

元末，朱元璋攻占南京后，改"集庆路"为"应天府"。明代应天府下辖上元、江宁、句容、溧阳、溧水、高淳、江浦、六合共八个县。今天南京市的主城区及江宁区部分，由上元、江宁两县所管辖。两个县的衙门都位于城内，牵牛巷就是江宁县县衙的所在地。

据说，明初应天府所辖的江宁县县衙形状像头牛，大堂是牛头，门前有两口水井形如牛眼，照壁后的宫沟正中有一个石孔，像牛的鼻子。江宁县的县衙与街巷布局相连，形成了“绳牵牛鼻”的独特格局，这条巷如同牵着“牛鼻”的绳子，因此命名该巷为牵牛巷。

中国古代，这种县衙与州、府、省等上级政府衙门设于同一城池内的县，专称为“附郭县”。南京“两县同治一城”的格局从五代十国时开始一直持续了近千年，上元县与江宁县同城而治，同为南京的母县，直至 1912 年撤废上元县，并入江宁县，这一格局才终结，可见其历史久矣。

牵牛巷 40 号原有清同治时修建的炎帝庵，门头上方是一块石雕匾额，青石上面刻有“炎帝庵”三个大字，落款为同治四年，说明了题额时间是 1865 年，也证明了牵牛巷 40 号曾经是一座名叫“炎帝庵”的庵堂。在城南居民聚集地建炎帝庵，便于进行祀拜，可想当年的香火一定很旺盛。

牵牛巷北头现已拆迁，两边均为高楼大厦，然南段巷内仍然保持明清风格的建筑，青砖黛瓦马头墙，街巷整洁幽静，居民生活安定祥和，富有烟火气。

诗家笔下的桃叶渡

余　一

明代画家陈芹诗云：“献之当年宠桃叶，桃叶渡江自迎接。云容难比美人衣，花艳争如美人颊。王令风流旧有声，千年古渡袭佳名。渡头春水年年绿，桃叶桃花伤客情。”以诗的形式讲述了“东晋风流”和桃叶渡的前世今生。

桃叶渡又名南浦渡，是秦淮河上的一个古渡，位于秦淮河与古青溪水道合流处，南起贡院街东，北至建康路淮清桥西。《金陵胜迹志》云：“相传晋王献之迎妾桃叶渡江处。其地昔在秦淮利涉桥，今移于淮青桥、利涉桥之间。《秣陵集》：郡志以晋王渡江处为桃叶渡。按：此童谣之类，不得以桃叶山为桃叶渡。”自六朝至今，桃叶渡处均为繁华地段，河舫竞渡，灯船萧鼓。

古时，清溪和秦淮二水汇于此，河面宽阔，风急浪高，两岸行人往来皆由船渡。相传东晋大书法家王献之曾在此迎接爱妾桃叶，并作《桃叶歌》三首：“桃叶复桃叶，桃树连桃根。相怜两乐事，独使我殷勤。”“桃叶复桃叶，渡江不用楫。但渡无所苦，我自迎接汝。”“桃叶复桃叶，渡江不待橹。风波了无常，没命江南渡。”桃叶亦有《答王团扇歌》三首：“七宝画圈扇，灿烂明月光。与郎却喧暑，相忆莫相忘。”“青青林中竹，可作白团扇。动摇郎玉手，因风托方便。”“团扇复团扇，持许自遮面。憔悴无复理，羞典郎相见。”和《团扇郎》“手中白团扇，净如秋团月。清风任动生，娇声任意发。”诗昵而佻，至南朝陈时犹“盛歌”之；渡因名扬，时人谓之“桃叶渡”。桃叶也因此“与王、谢诸君竞舆，江左风流，千载如画。”

唐宋时期，诗人们南来江宁，凭吊晋代宫阙，梦回南朝繁华，笔下的桃叶渡已然成为一种独特的意象。唐代张祜《所居即事六首（其四）》有“柳花飞处曾逢雪，桃叶开时忆渡江。”唐彦谦《游清凉寺》有“南望水连桃叶渡，北来山枕石头城。”罗虬《比红儿诗》有“总传桃叶渡江时，只为王家一首诗。”宋代胡宿《桃叶渡》“怅望情人曲，空留此渡名。一条衣带水，千古石头城。艳歇双桃色，歌沈两桨声。不堪怀古意，山外夕阳明。”可谓人去渡空，世易事移，不堪思量。辛弃疾《祝英台近·晚春》“宝钗分，桃叶渡，烟柳暗南浦。”化用前人诗意，以追忆与恋人送别时的眷眷深情，烘托出凄苦怅惘的心境。杨备《桃叶渡》“桃叶桃根柳岸头，献之才调颇风流。相看不语横波急，艇子翻成送莫愁。”以记旧闻。姜夔《少年游·戏平甫》“双螺未合，双蛾先敛，家在碧云西。别母情怀，随郎滋味，桃叶渡江时。”借桃叶故事，问新娘是否有桃叶随王献之那样幸福，以调侃友人。

明代，刘基来到桃叶渡，作《江南曲》“桃叶渡头春水平，莫教城上哓莺声。中原无限英雄泪，并入江南送别情。”史谨作《桃叶渡》“重经古渡立斜曛，愁见桃花两岸春。欲向东风唱桃叶，江边怕有别离人。”以示战争残酷，不忍送别。徐渭渡河，作《桃叶渡》云：“书中见桃叶，相忆如不死。今过桃叶渡，但见一条水。忆渡桃叶时，绿杨娇粉面。丈水五石泥，好影照不见。”感叹斯人已去，风景不再。明末，秦淮极盛。《续板桥杂记》“桃叶渡，在青溪曲处，渡头坊表，金碧焕如。每当夕照西沉，酒舫喧阗，与竞渡声相同。”文学家钟惺来此著书立说、诗人方尔止亦移家至此，一时间文人汇聚，诗酒唱酬。

清代桃叶渡处已无往日热闹。《金陵四十八景》云：“桃渡临流……昔年游舫鳞集、笙歌达旦，想见升平景象。今则荟萃于东关头一带，而盈盈碧水依然如故，惜乎风流人远矣。”张通之

《金陵四十八景题咏》有“桃叶临渡”：“桃根桃叶皆王妾，此渡名惟桃叶留，同是偏房犹侧重，秦臣无怪一穰侯。”清顺治年间，孝陵卫人金云南迁居渡口，见渡口拥挤，常有人落水而死，便捐建木桥，题名“利涉桥”。郑板桥有《念奴娇·桃叶渡》“桥低红板，正秦淮水长，绿杨飘撇。管领春风陪舞燕，带露含凄惜别。烟软梨花，雨娇寒食，芳草催时节。画船箫鼓，歌声缭绕空阔。究竟桃叶桃根，古今岂少，色艺称双绝？一缕红丝偏系左，闺阁几多埋没。假使夷光，苎萝终老，谁道倾城哲？王郎一曲，千秋艳说江楫。”纳兰性德《南乡子》亦有“别自有人桃叶渡，扁舟，一种烟波各自愁。”

太平天国战后，“桃渡临流”胜迹遭到极大的破坏。《白门新柳记》：“兵燹以来，旧院遗址，无可寻觅，即从前利涉桥、文德桥一带，所谓‘丁字帘前落日放船好’诸名胜，亦皆鞠为茂草。”曾任《申报》总编纂的黄协埙《寻桃叶渡故址》有“旧游如梦复如尘，携屐重来踏绿茵。向晚雨丝风片里，有人闲话六朝春。心字湖中暮霭微，淮青桥外荡舟归。欲从渡口寻桃叶，惟见乌鹊掠水飞。”同光诗坛魁首陈三立《桃叶渡夜泛》则云：“袅袅柳边棹，离离月下人。衣香回一水，酒思映千春。初雁明河见，凉蝉画阁新。江南肠断夜，携手竟谁陈。”民国时期，桃叶渡口有家万全酒家，因为清末名士薛时雨曾在此题过“停艇听笛”匾额而蜚声金陵。谭延闿、于右任等人，常为万全座上客，聚文会友，人传盛事。

“二月江南望，桃花烂似霞。人言桃叶渡，桃叶胜桃花。”桃花飘落，柳丝如烟。20世纪80年代，桃叶渡遗址北岸始建“古桃叶渡”石牌坊及古亭各一座，后扩建为桃叶渡遗址公园，建诗碑廊，镌刻历代文人墨客所作有关桃叶渡的诗词，又复建桃叶古渡、邀笛步、停艇听笛等景点。临河有一石牌坊，横书“古桃叶渡”，正面两侧楹联为“细柳夹岸生，桃花渡口红”；背面为“楫摇秦代水，枝带晋时风”。

贡院春秋

清代秦淮河畔的进士家族

严得秋

清代秦淮河两岸文风昌盛，故不少文人世家卜居于秦淮河岸。科举世家通常指聚族而居、以举业为本、至少要有五贡以上功名的家族，而进士家族则有更严苛的要求，族人中需至少一名以上取得进士功名的家族方可称进士家族。南京著名的进士家族多居于城南，因而可以说“城南聚文气，文气汇秦淮”。

万竹园邓氏家族

万竹园位于南京城墙西南一角，外秦淮河内岸，因园内种植竹子而得名。明崇祯年间，金陵邓氏始迁祖邓旭自安徽寿县迁往南京，自此在万竹园定居。从邓旭起至清末科举废除，清代邓氏家族共出了五名进士，是名副其实的进士家族。邓旭字元昭，顺治三年（1646）举人，四年第三甲第二十名进士，初授翰林院检讨，官至陕西洮岷道。邓旭罢官后，在传道授业之余，努力发展金陵公共事业，如在燕子矶设救生船、三山门外买田千亩供流民开垦居住等。邓旭玄孙邓廷桢，字嶰筠，嘉庆五年（1800）举人，六年第二甲第九名进士，初授翰林院编修，官至陕西巡抚，署陕甘总督。邓廷桢在任两广总督时，积极配合林则徐进行硝烟工作。邓廷桢加强广东沿海防御设施，使英军在广东没有占到便宜。鸦片战争爆发前夕，邓廷桢改迁浙闽总督，并继续沿海设防，以备英军。后邓廷桢因清廷畏惧英军而获罪，同林则徐发配伊犁。虽在两年后再度召回并委以西北边疆之事，然不久便卒于任上。邓廷桢之子邓尔恒，字子久，道光十二年（1832）举人，十三年第二甲第二十名进士，初授翰林院编修，官至陕西巡抚。咸丰十一年（1861），为其部将所害。咸丰帝怜悯，予谥文慤。邓尔恒之子邓嘉纯，字笏臣，光绪五年（1879）举人，六年第二甲第六十五名进士，初补浙江知府，署处州府知府。邓嘉纯堂侄邓邦述，字孝先，光绪十七年举人，二十四年第二甲第五十九名进士，初授翰林院编修，民国后官至吉林民政使。赵尔巽编纂《清史稿》时任纂修。

清代邓氏家族五进士，有四人入了翰林，而邓嘉纯本应能进翰林，他以家贫年老为由，辞去了翰林院之职，令人惋惜。金陵邓氏因邓旭迁居而生根，嘉道年间，邓廷桢、邓尔恒父子外抵侵略，内平叛乱，为边疆安定做出杰出贡献。邓嘉纯、邓邦述之后，又以著述藏书为己任。现邓氏后人大多居住在南京、苏州两地。

三山街伍氏家族

三山街位于城南中心地段。清代时连通城墙西门三山门（今水西门），后因马路拓宽而被废，如今只留地名。洪武二年（1369），回人天文学家伍儒自西域撒马尔罕应诏迁居南京，在此扎根。清代伍氏家族共出两名进士。伍长华，字实生，嘉庆十八年举人，十九年第一甲第三名进士，也是中国第一位回族探花。初授翰林院编修，官至湖北巡抚，署湖广总督。伍长华任云南布政使时，以铜法为重物，并著《云南铜法志》。任湖北巡抚时，与湖广总督林则徐商讨禁鸦片事宜，林则徐被授钦差大臣前往广东后，伍长华暂署湖广事。因新任湖广总督周天爵被劾“督审不力”而受牵连被革职，不久卒于家中。伍长华的胞孙伍元芝，字兰荪，光绪十五年举人，十八年第三甲第九十二名进士，初授内阁中书，庚子之变后，为首任浙江武备学堂总办，民国后任江西省省长公署秘书等职，曾受业于尊经书院山长薛时雨。赵尔巽编纂《清史稿》时任文牍科科长。

南京的回人多始于洪武年间受诏迁居。伍儒入京后，被赐宅天津街（今秦淮区内桥西南），并世袭六代钦天监漏刻科博士。伍氏家族有句家训一直传承至今："三百年世家无非积德，第一件好事还是读书。"作为南京最有名的回族世家，伍氏将家族文化传承至今，如南京大学历史系教授伍贻业便是博览古今、汇通伊儒的大家。

武定桥秦氏家族

武定桥位于城南长乐路横跨内秦淮河段，桥东有秦大士故居，即金陵秦氏宅第。秦大士是南京有名的状元，其坊间传说也众说纷纭。其中大家最为津津乐道的便是与北宋末年江宁进士秦桧相比较。明末，秦大士曾祖为避寇乱，从安徽太平（今黄山市）迁居南京，遂占籍于此。清代秦氏家族共出四名进士，其中一名状元，一名传胪。秦大士，字涧泉，乾隆十三年（1748）举人，十七年第一甲第一名进士赐状元及第，初授翰林院修撰，官至侍讲学士，为皇子授课。秦大士原本居于金沙井，今有秦状元里即为其故居。秦大士辞官后举家卜居武定桥东，并购瞻园，晚年便在园中吟诗著述。秦大士长子秦承恩，字慎之，乾隆二十五年举人，二十六年第二甲第十一名进士，初授翰林院编修，官至刑部尚书，署直隶总督。秦承恩任陕西巡抚时，四川悍匪屡次侵扰州界，因数度无功而被褫职，发配伊犁。俄而因才学出众再度被召回，任封疆大吏。晚年任刑部尚书时，因偏袒宗室敏学而遭降罪，次年病故。秦大士次子秦承业，字补之，乾隆三十五年举人，四十六年第二甲第一名进士。原本廷试阅卷大臣拟定秦承业为第一，钱棨第十，而乾隆帝得知钱棨在之前的县、府、院三试中夺得“小三元”之名，又在乡试和会试拔得头魁，念在清代尚无三元及第者，便钦定钱棨为第一，秦承业无奈屈居第四。秦承业初授翰林院编修，官至翰林院侍讲学士。秦承业任编修期间，教授时为皇子的道光帝旻宁功课，是道光帝甚为信任的帝师之一。秦承业卒后，道光帝追念其忠谔，追赠礼部尚书，并赐谥文慤。秦承业之子秦绳曾，字宜圃，乾隆五十九年举人，嘉庆十年第二甲第三十六名进士，初授刑部员外郎，官至福建道御史。秦绳曾为人刚直，不惧权贵，曾弹劾大学士托津怙势作威。晚年承父荫加四品卿衔。

秦氏家族代代勤奋读书，故四进士殿试名次能位列前茅。现夫子庙后学宫大门匾额“天下第一学”，即为秦大士所题。甘熙《白下琐言》曾云“登巍科膺显秩者往往建立牌坊，……陈会元、秦状元皆未尝建坊也”，可以看出秦大士其实是只求学问，不慕虚名之人。秦氏一族兢兢业业，孜孜不倦地做学问，成为如今南京读书人的楷模。现秦大士故居为江苏省文物保护单位。

三山门陈氏家族

三山门位于城西，今为水西门，外秦淮与内秦淮在此交汇，是内秦淮河西段水陆两栖城门。陈氏之祖世居河南，康熙间，始迁祖陈栋占籍江宁三山门内讲堂大街（今升州路中段），遂为金陵人。其后，陈氏家族共出三名进士。陈栋玄孙陈维垣，字丰之，嘉庆二十三年举人，二十四年第二甲第九十七名进士，初授内阁中书，辞官后主讲紫阳书院。陈维垣之弟陈维屏，字剑芝，嘉庆十八年举人，与兄同榜进士，第三甲第五十七名，初授榆社知县，官至广西右江兵备道。陈维屏为官四十载，所得俸禄都用来振恤灾民，而家中无余物。维垣、维屏二兄弟早年家贫，但读书刻苦，受到学政青睐。甘熙家人曾诫甘熙曰：“友必胜己，陈氏昆仲是已，汝曹善学之。”这里的陈氏昆仲便指陈维垣、陈维屏兄弟。陈家与甘家仅一屋之距，因而两家能互通友好。陈维垣之孙陈作仪，字凤生，光绪十四年举人，十六年第二甲第一百零七名进士，初授湖南知县。陈作仪能文工画，曾绘《金陵四十八景》。

金陵陈氏家族三代三进士，授官并不高，也不以举业发家，然而陈氏家族却为南京地方志发展做出了卓越的贡献。自太平天国后，南京典籍散佚各处，陈维垣之子陈元恒花费大量心血，上采六朝，下录明史，横跨书籍、碑刻、石板，凡有文字者一并收入。陈元恒之子陈作霖继承父志，不仅参与了《同治上江两县志》《光绪续纂江宁府志》的编纂，还与胞弟陈作仪编校了《金陵通纪》《金陵通传》。此外还编纂了《运渎桥道小志》《钟南淮北区域志》等志书。陈作霖之子陈诒绂也不忘家学，作《石城山志》《金陵园墅志》等志。这些志书在21世纪初被收录进《南京稀见文献丛刊》，是研究南京山川地形、人文活动的重要史料。

此外，秦淮河畔的进士家族还有状元境的郑氏家族（郑师灼、郑维瀚），武定桥西的黄氏家族（黄家声、黄思永）等。这些家族之间互相走动，带动周边文风繁盛的同时，也推动了学术发展，因而南京能享有“天下文枢”之美誉。

江南贡院走出的南京籍进士之兄弟登科

严得秋

甘熙《白下琐言》有云：“自嘉庆初年迄今，十数科中，兄弟同榜者凡四：戊午科，侯云锦、云松；己卯会试，陈维垣、维屏；戊子科，刘恒春、富春；甲午科，伍承平、承吉。”这里甘熙所指乃是自嘉庆元年（1796）至道光二十七年（1847）间，江南乡试中兄弟同榜者。其实嘉庆以降，除了乡试有兄弟登科者，还有殿试同登金榜者。他们虽然不一定是同科及第，但是兄弟登科依旧是家族之荣耀，并为乡里、后人传为佳话。笔者通过搜集科举文献及地方志史料，对易、何、温、陈、濮五家兄弟进士做简单梳理。另外，此处的兄弟专指胞兄弟，并不含从兄弟、族兄弟。

易长华、易长桢

上元易长华、易长桢兄弟，并非出身世家大族。兄弟二人从小成孤儿，却同能艰苦读书。《金陵通传》有载：“家人质絮襦易米，乃拥衾坐榻上，讲肄周礼。”北京国子监进士题名碑和《清秘述闻续》《江苏省通志稿》《光绪续纂江宁府志》均记载了二人登进士科信息。兄易长华，字子实，号文江；弟易长桢，初名长发，字子濬，号晴江。嘉庆二十一年，弟弟易长桢先乡试中第，两年后，易长华也通过了乡试。嘉庆二十四年，易长华联捷进士，中第二甲第四十一名，初授内阁中书，任戊子科陕西主考官、广州知府，粤地山贼频发，易长华与同乡商人顾凯计谋，安排一名屠狗人作为卧底，探得虚实，最终将贼人一网打尽，百姓称其为“易青天”。后官至山东按察使司按察使，卒于任命途中。道光九年，易长桢中第二甲第五十一名进士，初授翰林院编修，任甲午科山西主考官，卒于任上。易长桢初年学习商贾，成年后弃商从文，跟随兄长苦读。进士及第后，本应有一番抱负，不幸早逝，著有《冶城山馆诗稿》。易氏兄弟如同昙花一现，在科考文坛中如同黑马一般斩获功名，却因为又没有留下太多故事，也没有在政绩上留下伟业。后人只能通过地方志书了解其人。

何其兴、何桂芬

上元何氏家族世居南京，何其兴、何桂芬兄弟祖上三代皆为诸生，为书香之后。北京国子监进士题名碑和《清秘述闻续》《江苏省通志稿》《光绪续纂江宁府志》均记载了二人登进士科信息。兄何其兴，字祥垣，一字禹修，举嘉庆十八年乡试，二十五年进士第三甲第十八名，初授户部主事，任贵州壬辰科乡试主考官、衡州知府，官至山东盐运使。何其兴有勇略，曾单骑赴贼窝晓以大义。晚年终老山林，以诗酒为伴，卒年八十余。弟何桂芬，原名何其盛，字茂垣，一字新甫，曾两中副榜，入北京国子监攻读。道光十五年举顺天乡试，二十五年进士第二甲第四名，选庶吉士，散馆授编修，任庚辰科会试同考官、御史、刑科掌印给事中，官至陕西陕安道。太平天国时，上书御敌之策，极有远略。陕西任官时，有贼叛乱，提督新败，有南下之势。有人提议缓上任，何桂芬率众筑堡垒，坚壁清野并诛奸民，因而贼不敢犯。终卒于官，著有《自乐堂遗文》。何氏兄弟是正宗科举世家之后，能以文人之肉躯、过人的谋略，制策退敌，维护社稷安定。

温肇江、温葆淳

上元温肇江、温葆淳兄弟，早年居于南京太平门外板仓，家中颇有资产，能资助邻里百金而不待告。北京国子监进士题名碑和《清秘述闻续》《江苏省通志稿》《光绪续纂江宁府志》均记载了二人登进士科信息，此外，《光绪十二年丙戌科会试同年齿录·温繁炘》的祖上信息中也记录了二人登科年份及授官履历。兄温肇江，字翰初，一字翰福；弟温葆淳，原名肇洋，又名葆深，字明叔，一字彦荀，号研荪。温肇江于嘉庆十八年选为拔贡生，道光八年乡试中举，十二年殿试第二甲第二十名，初授户部云南司主事，卒于官。温葆淳道光元年举于乡，二年殿试第三甲第三名，选庶吉士，初授翰林院检讨，任翰林院侍读学士、福建学政、太常寺寺卿，官至户部右侍郎。年近九十卒。加头品顶戴、太子太保衔。《白下琐言》还记录下了一段逸事："是科（道光八年戊子科）温翰初先生讳肇江，中官卷第二十一名，次年己丑会试，以弟明叔检讨原名肇洋分房回避，壬辰始成进士，盖先生本非戊子榜中人，临时更换而然耶。科名有定，信然！"温肇江精通诗文，工画，早年成为廪生，又以拔贡身份赶考乡试；温葆淳识人，大学士宝鋆、左宗棠都是通过温葆淳推荐而走上仕途。兄弟二人分别成书《钟山草堂集》与《春树斋集》。温氏兄弟均在自己擅长的领域中有所成就，也在文坛中留下坚实的脚印。

陈维垣、陈维屏

说起陈氏家族，对于南京人而言几乎是无人不知无人不晓。

陈氏族人陈作霖是南京最有名的方志学家，其后有陈作仪、陈诒绂等人先后编纂过南京地方志。陈氏中兴起源陈维垣、陈维屏兄弟同榜中第。北京国子监进士题名碑和《江苏省通志稿》《光绪续纂江宁府志》均记载了二人登进士科信息，此外，《光绪十六年庚寅科会试同年齿录·陈作仪》的祖上信息中也记录了二人登科年份及授官履历。兄陈维垣，字丰之，嘉庆二十三年举人，二十四年进士第二甲第九十七名，初授内阁中书，主讲紫阳书院。弟陈维屏，字建之，一字剑芝，嘉庆十八年举于乡，与兄同成进士，中第三甲第五十七名，初授榆社知县，官至广西右江兵备道。陈氏兄弟同榜及第，一时之间传为佳话。陈氏兄弟共有四人，维藩、维垣、维屏、维翰，皆擅长经义，工书能文，而其中以维垣、维屏功名成就最高。甘熙曾在《白下琐言》中多次提及陈氏兄弟，不仅因为甘家与陈家仅一街之隔，两家素来交好，更因为陈氏兄弟在学术及文坛上皆颇负盛名，甘家长辈常叮嘱甘煦、甘熙兄弟要向陈氏兄弟看齐。当时，陈维垣为邑廪贡生，陈维屏为乡榜经魁（五经之首）。陈作霖对祖父陈维垣的评价是“文名噪甚，尤好施予”，评价胞叔祖陈维屏“为文有奇崛气”“性兀傲”。兄弟二人分别留下《星台诗文稿》和《棠芬书屋诗集》《题解韵编》。

濮文暹、濮文昶

濮氏世居南京溧水，北宋末由河南卫辉府迁居而来。濮文暹、濮文昶之父濮瑗是道光六年进士，《金陵通传》赞其“以文儒而为能吏，能定变于无形”。这也为兄弟二人日后登第铺平道路。濮氏兄弟不仅是同榜中举，而且是同榜进士，放眼整个科举历史1300年也是绝无仅有的。北京国子监进士题名碑和《同治四年乙丑科会试同年齿录》《江苏省通志稿》《光绪续纂江宁府志》均记载了二人登进士科信息。兄濮文暹，原名守照，字青士，号菁耜，晚号瘦梅子。咸丰九年（1859）乡试中式第六十八名，同治四年（1865）会试中式第五十名，殿试第三甲第十二名，朝考第一等第五十三名，初授刑部主事，任南阳、开封知府。弟濮文昶，原名守旸，字春嵎，号椿余。咸丰九年乡试中式第二十三名，同治四年会试中式第二百二十四名，殿试第三甲第五十九名，朝考第三等七十八名，初授湖北知县，历官随州知州，卒于官。兄弟二人登第名次并不靠前，授官也不高，但是文化造诣很深。曾超在《白鹤梁题刻溧水濮氏家族考察》介绍濮氏兄弟嗜读《红楼梦》，二人是中国红学研究的开创者，并为《脂砚斋重评石头记》作题跋。濮文暹还工诗、古文辞，在诗文书画上皆有成就。兄弟二人分别有《见在龛诗文集》和《春渔诗词》存世。

在科举时代，家中出一位秀才、举人，都可以成为轰动全邑的大事。《官场现形记》的首章就描写了赵家孙儿中了秀才，全村都来庆贺的场景。而出一位进士，甚至兄弟进士，更被看作是光耀门楣之喜事。有时还会将及第进士的住所改名，如许家巷、程阁老巷就得名于许穀与程国祥。南京为“天下文枢”，江南贡院所在地，自古文风昌盛，清代所出进士也仅次于苏、常、扬三个文化大府。南京的易、何、温、陈、濮五家，有些是响当当的书香门第流传至今，有些却如同历史中的流星一瞬而过。《金陵通传》评价“易何温”兄弟“何易温三氏，兄弟竞爽”，评价濮氏“世为望族”。甘熙评价陈氏兄弟“予兄弟二人与君兄弟四人为文会，得切磋之益居多”。南京兄弟进士其实还有很多，笔者提出些许拙见，肯祈诸家学者斧正。

李鸿章与江南贡院

李　曼

立于秦淮河畔的江南贡院始建于宋乾道四年（1168），鼎盛时期仅考试号舍就有20644间，其规模之大、占地之广居全国各省贡院之冠，明清时期全国半数以上官员都出自江南贡院，还有许多历史名人虽未曾在此处参加科举考试，却与之颇有关联，晚清中兴名臣李鸿章便是其中之一。

李鸿章，字渐甫，号少荃，安徽庐州府合肥县人。道光二十三年（1843）选为优贡生，名列第五名，道光二十四年甲辰恩科顺天乡试中举，名列第八十四名，覆试一等第十一名，随后奉父命入京应会试，在入京时写下《入都》十首，“丈夫只手把吴钩，意气高于百尺楼。一万年来谁著史？八千里外欲封侯。”我们从中可以一窥李鸿章的胸襟气魄，不同于一般只会写八股读四书，吟诵之乎者也的书生，他文人的骨子里透着武人的血气。这与他所处的社会背景有极大的关系。当时世界各地都发生着翻天覆地的变化，清王朝因为内忧外患正走向衰亡。身处其间，有志之士皆欲有所作为，而李鸿章因家学渊源在政治敏感度上优于同龄人，猎取功名一展鸿图之心更为强烈。

入都后，因其父与曾国藩同为道光十八年进士，有同年之谊，故李鸿章以年家子身份受业于曾国藩门下。参加会试中式第二十五名，虽非榜首，但文章被考官评“醲郁极矣而无堆垛之态，研炼极矣而无艰涩之形，其丰神秀彻气体清华自是抱九仙骨披一品衣者”“典丽矞皇”“雍容华贵”等语，可见其强。道光二十七年李鸿章进士及第，名列二甲第三十六名，朝考一等十七名，以翰林院庶吉士留京师翰林院，道光三十年散馆授编修，累充武英殿编修，国史馆协修。咸丰元年（1851），太平天国起义，东南名城，相继陷落，朝野上下为之震荡。咸丰三年，李鸿章随侍郎吕基贤回乡办团练。吕基贤去世后，他先后在福济和曾国藩幕下效力，为平定太平军与捻军出力甚巨，得到两人的赏识和举荐。

有人说是时势造英雄，让李鸿章“以一词臣，总握兵戎，转战四方，参与机要”。但是梁启超却说：“李鸿章之用兵也，谋定后动，料敌如神，故在军中十五年，未尝有所挫衄。虽曰天运，亦岂不以人事耶？”

经过十余年努力，战乱终于渐消，在金陵城被收回之后，朝廷为安抚民心，更为稳固时局，决定举行科举。“江南北现经荡平，亟宜振兴文教。”但是经过战乱，贡院是否被损坏，损坏到什么程度？朝廷也无从得知，便派人到现场察看，发现“至公堂等处及号舍均尚完好，惟号板毁失，监临、主考、房官等屋，片瓦无存。”于是赶紧派员采办木料，进行修葺，并将科考时间延迟。清《同治实录》记载：“谕议政王军机大臣等，前因曾国藩奏，江宁兴修贡院，拟于本年十一月间，举行乡试。叠经谕令该大臣酌度情形，妥筹办理。兹据曾国藩奏称，行抵江宁，查验贡院工程均已完竣，请于十一月举行乡试，并咨明李鸿章届期入闱监临等语。江宁省城新复，现即举行乡试，两江士子闻风云集，商贾辐辏，一切稽查奸宄，镇抚地方各事宜，均应加意筹度，着曾国藩督饬司道等官，妥为经理，毋得稍形疏懈。苏垣已肃清，惟善后各项事宜，仍须次第筹办，李鸿章能否驰赴江宁入闱监临之处，并着曾国藩悉心酌度。会筹妥办。万启琛已抵江宁。如李鸿章不克入闱监临，该藩司能否代办？或咨明安徽学政朱兰，代办监临事务，均由曾国藩、李鸿章迅速筹商，奏明办理。”

按照清朝的制度，各省乡试俱以巡抚任监临，无巡抚之省由总督任监临，江南则以江苏、安徽两省巡抚按科轮流委任。时李鸿章正在江苏巡抚任上，正好轮到他担任江南乡试监临，但当时他身负重任，政务繁忙。按清制，如果巡抚有事走不开，则由学政代替。但曾国藩则一力要求李鸿章担任监临，因为监临是监考官，要负责总摄场务，考场除主考官和同考官外，其余人等均归其管理，当时的南京城在太平军治下经过了十年之久，人心动荡，时局不稳，而科举又是重中之重的大事，容不得半点疏忽，只有李鸿章这样兵权在握且处事果敢的人才能镇得住场子。故一得到朝廷谕令，曾国藩立刻去信李鸿章说：

“举行乡试一疏昨日已接奉批旨。虽允许简放主考，而圣意甚不放心，又虑及台旆不能前来入闱监临，询及朱学使、万方伯能否代办。鄙意安徽学政向无代办之案，宜学使又无入境之耗，篪轩办本任提调事件，已觉日不暇给，安能更兼监临之任？务求阁下拨冗前来，主持一切。国藩七月初创此议时，不过借此风声，招集流亡，初不敢必其有成。一回安庆，则群士欢欣鼓舞，宁、徽、颍州三府纷纷求学使考试，以便新生入闱。迨定议宁国生童调省考试，而徽、太、颍、凤又若东考西怨，呈诉不休。国藩观此气象，势难中辍，是以闱贡院工程将竣，即一面咨请阁下监临，一面札江西印办试卷。今因圣意十分慎重，鄙人亦怀疑虑，特恐画虎不成，贻笑远近。敬求阁下速来相助，盼切！盼切！”

李鸿章这位翰林出身的官员对于科考之事也是十分重视，立刻将手上的事务处置妥当赶赴金陵。对于自己能以皖人而监临江南乡试一事，李鸿章也是颇为得意，曾写下“监临本无可诿，又蒙殷殷见属，而皖人谓程梓庭、杨安卿两先生后续成佳话”之语，并在乡试期间写下《甲子仲冬监临入闱感赋七律四首》以表激动之情怀：

风诏抡才下九阊，一星台拱主文昌。櫜弓谟略陈金匮，持节衣冠聚玉堂。典重棘垣森布令，律调葭管暖回阳。横戈跃马年来事，重过鏖文古战场。

明远层楼未劫灰，登临愧拥八驺来。潢池盗弄偏周纪，幕府沉谋有背嵬。珠斗深宵仍朗照，石城佳气此重开。人文江表知依旧，竹箭东南蔚异材。

仙桂株株耐朔风，六霙飘洒笔花中。从来得士期寒畯，差喜占年应大丰。白地光明文贲锦，青云变化气凌虹。万枝冻蜡烧难烬，敢为微劳惜此躬。

异数频年忆屡邀，又持管钥伴星轺。梓桑佳话缘长续，桃李新荫种倍饶。地应上元征甲子，轮扶大雅奏咸韶。文章报国犹余事，物望何因副众翘。

这四首诗不但写出对中断十余年的江南乡试重启一事的欣喜，也表明此次江南乡试的重要，自己将不惜余力督办此事，更有几分自得之情跃然纸上。

在监临乡试期间，李鸿章发现贡院虽经修整，增加号舍若干，但仍存在“犹不足容多士”的问题，为了“两省之士庶无遗珠之憾”于是在同治五年对贡院再次进行了增广扩大。现存于江南贡院至公堂旁，立于清同治十年的重修江南贡院碑的碑文上便记述了此事。“五年，余权总督，乃更廓而大之……官房四区舍旧号，都为万八千九百奇……既崇既硕，维絜维栗，甲于宇内……以期闳博魁杰之儒尽出，而毗佐天子，以扬圣人之烈于无既，必有《鲁颂》所云斯才斯作者，以副中干南干，蓬勃郁盘之气，而蔚为国家之桢干者也。”

李鸿章对于科考一事非常看重，除了修整扩大江南贡院，还曾在苏抚任内，改建正谊书院，并根据苏州、太仓诸绅的要求，为便于士子参加岁考和科考，兴建苏州试院，也曾筹措银两发商生息，作为江宁府所属七县考生赴京会试的公车经费。

李鸿章为官数十年，曾因功得爵，也曾因罚革职，一生几起几落，参与了镇压太平军和捻军起义、甲午战争等一系列重大历史事件；主办洋务运动，于交通、矿业、工业、商业等事务皆有贡献；代表清政府签订了《马关条约》《辛丑条约》等一系列不平等条约。官至北洋通商大臣、直隶总督，死后追赠太傅，晋一等肃毅侯，谥文忠。

《清史稿·李鸿章传》论曰：“既平大难，独主国事数十年，内政外交，常以一身当其冲，国家倚为重轻，名满全球，中外震仰，近世所未有也。生平以天下为己任，忍辱负重，庶不愧社稷之臣，惟才气自喜，好以利禄驱众，志节之士多不乐为用，缓急莫恃，卒致败误，疑谤之起，抑岂无因哉？”

有人赞他是“东方俾斯麦”，也有人斥他为“乱世之奸雄”。然而“誉满天下，未必不为乡愿；谤满天下，未必不为伟人”，谁也不可否认，他是一位在晚清风云变幻的政治舞台上活跃了近半个世纪，对中国近代史影响深远的人物。

科举废止后的江南贡院

王 凡

江南贡院曾是规模最大的科举考试专用考场，因要容纳整个江南省（相当于今江苏、安徽、上海）的士子参加乡试，鼎盛时期有号巷 295 条，号舍 20644 间。日本近代历史学家原胜郎曾感叹道：“江南二省两万余士子，皆会于此贡院，争才斗艺，而及第者不过百五十余人，实乃文明之一大胜景，欧美诸国亦未有可与之媲美者。”

1903 年，江南贡院举办了最后一科的江南乡试。随着科举的废止，曾经荣耀辉煌的江南贡院失去了作为科举考场的意义。由于江南贡院占地较广、地处繁华，如何处置江南贡院出现了多种动议。

1905 年 9 月 3 日《申报》就有这样的消息：“金陵贡院内师范传习所监督梅道光远，近日与各教员商议，以科举停废在即，俟明奉谕旨，即将东西各号一律拆毁，改建附属小学三四所。”

同年 10 月 8 日的《申报》之中又称：“中国法律之学不明，故行政司法各官，任听幕友吏胥武断，已成积习。兹江督以推行行政，府厅州县各官，非先习法律之学，将来挟持无具，仍不免借重于吏胥幕友，因拟专设法律学堂，预为佐理新政治事之用。其学堂基址，拟即借江南贡院，参酌改良便可使用。”

之后 11 月 10 日《申报》中《电请张殿撰会议处置贡院》一条称：“科举既废，江南贡院已成无用，高等学堂总教习缪筱山太史请于制府，欲改为高等学堂。而宁垣诸绅董则以高等学堂早有定区，有议将贡院间房改作别项学堂之用者，有议将衡鉴、至公各堂作为公所，监试、内监试、内提调等堂及五所官房，改为公馆出租。近淮号舍改造市房，东西文场改为菜厂征租济公者。周玉帅不能裁决，闻已电达通州张殿撰，请其来宁会议。”“张殿撰”即张謇，张謇为晚清状元，状元又称殿元，及第后授翰林院修撰的官职，故简称“殿撰”，如《商部头等顾问张殿撰謇咨呈两江总督魏议创南洋渔业公司文》《张殿撰教育手牒》等文书中亦如是称呼。

从以上几则1905年《申报》中的消息可知，废科举后出现了将江南贡院改为附属小学、法律学堂、高等学堂，以及改为公馆出租、菜厂征租等提议。然而，不久之后，建学堂的想法就被否定，进而提出了开辟市场的动议。1906年3月20日的《申报》中称：“以校舍建筑法而论，贡院逼近市廛，又濒秦淮，取饮不洁，市声嚣杂，于体育、德育均非所宜，不若另辟新地为善……且该院地居要部，面临秦淮，既为省中繁盛之区，又当南北适中之点。若能辟为市场，必可日见兴盛。”

但是，由于江南贡院为苏皖两省所共有，“拆贡院、辟市场”之举，一方面涉及建筑市屋的资金筹措问题，另一方面存在着变卖江南贡院旧物后所得收入分配的问题。于是，在1907年至1915年的八年间，两省就江南贡院的利益分配与处置方法，各恤其私，展开了利益角逐。江南贡院处置问题悬而不决，贡院这座“庞然伟大之建筑物”，也在岁月的侵蚀下，逐渐坍圮于荒烟蔓草中，较之昔日的辉煌，令人唏嘘不已。1914年原胜郎访金陵，游览贡院而作《贡院之春》一文，其中写道：“阒然无声，跫音不响。大门常年紧闭，吾自旁侧泥墙崩坏处而入，时见秦淮疏浚废弃之泥土亦堆于院内。走道之处堆积不下，则毁弃大书着千字文字号的号筒小门，将泥土弃于号舍之内。跼蹐而入两三间号舍，见墙壁凹陷之处尚存各年应试考生点灯所留之油痕。呜呼，此乃天下考生心血飞溅之痕迹，实不忍睹。昔时号吏叱咤呼唤之声犹在耳边，故便觉此处荒废殆尽、鬼气袭人，此情此景游人实难低吟徘徊。然又复见千万书生以毕生荣耀、立誓而越之龙门旁，阶前墙间一片芸薹，繁花似锦。”

直到1915年3月19日，《申报》刊载的《南京之贡院》一文提出：“宜照前议，速辟市场……所售价值，按照苏六皖四分成均摊。”同时提出：“就贡院全部审度地势，中间自明远楼以至衡鉴堂一路正屋，毋事拆毁，东西并须宽留若干丈，俾成矩形。周围缭以铁栏加以点缀，藉副保存古物之心，兼为市民游息之所。”在那废除科举、批判科举的年代中，主张拆贡院、辟市场的背景下，能提出“藉副保存古物之心”，认识到贡院作为科举的见证物，具有重要的文化遗产价值，实属不易，这种文物保护意识与博物馆意识出现在当时是非常具有前瞻性的，于今天亦有借鉴意义。之后，在1917年苏皖官绅再议划分江南贡院一事时，仍坚持了留存贡院核心建筑为古迹的主张，并且划定了大致的古迹保存范围（见《益世报》1917年3月18日、《申报》1917年12月15日）。

1918年，开始动工拆贡院、辟市场。1920年，（江苏）省议会议决划出明远楼、至公堂、飞虹桥、衡鉴堂四处留为古迹，亦由筹备处从新修葺，纷饰周围建筑垣墙，以供游人瞻仰凭眺为休息场所（见《益世报》1920年3月1日）。在此期间，还成立了“苏省贡院古迹保管处”以利古迹保存。

无独有偶，这一时期一些有志之士也为保存江南贡院遗址奔走努力，不断呼吁。中国科举博物馆藏有1921年至1922年间的八份文书，即是反映这一史实的实物例证。此八份文书，从内容上看分为两种：一是由众议院议员佘恒等人、江宁绅商甘鋐等人、实业视察员蒋汝正和贡院古迹保管员汤允中等人就建立贡院古迹公园、保存贡院旧存、贡院的修理规划等事项，致江苏省省长王瑚的函；二是省长王瑚就贡院规划一事饬令有关部门核议，而颁布的指令或训令。这些文书中一些文物保护观念可谓真知灼见，如，甘鋐等人听闻修缮古迹要将“旧存号舍拆去，在无号舍处所新建号舍”之事后，提出“改造古迹，于义何取”“夫保存古迹，本为历史观念，……则此事重在因而不在创”。再如，蒋汝正和汤允中在《会复规划贡院修理办法草稿》中提出：“该处既系为保管贡院古迹而设，则顾名思义，一切布置，自以存复旧规为主。若将各新事业羼入其间，反于贡院古迹名称不合。”这其中“修旧如旧”的文保观念，今日仍在提倡。

1922年，贡院保护方案尘埃落定，江苏省省长王瑚立下“金陵贡院遗迹碑”，从中可见，之前为贡院保护所做的努力得到了回应，“规厥制、划巨道、剖其中，而留明远楼及衡鉴堂，为方式存遗迹，以示方来。别存号舍若干间，以明前代试场之遗轨，余则辟市肆利群商。”

此后，昔日贡院所留存的古迹，时常作为开会或者活动举办的场所。1927年3月25日中共南京地委在明远楼宣布南京市总工会成立，同时成立工人纠察队，两者都将办公地点设于明远楼中。南京国民政府成立后，贡院改为市政府办公场所，明远楼作为大门。1928年10月，决定将市政府移出，贡院房屋拨做新成立的国民政府考试院用。抗日战争期间南京沦陷，此处又沦为汪伪政府司法院和行政法院的办公地。

1949年后，江南贡院未作为古迹保护，留存的古迹逐渐被拆毁。1956年7月，为了保障南京市民的身体健康，提高医疗条件，市委、市政府在江南贡院遗址上设立南京中医院，此时江南贡院仅存明远楼、飞虹桥及明清与民国碑刻等文物。直到80年代初，保护江南贡院古迹的意识再次被唤醒，1982年3月25日，江南贡院碑刻被江苏省人民政府确定为江苏省文物保护单位，明远楼则被南京市人民政府确定为南京市文物保护单位。1988年在江南贡院遗址之上筹建了江南贡院历史陈列馆，次年正式建成开放，当时是我国唯一的以反映中国科举制度为主要内容的专业性博物馆。90 年代，有不少人对修复江南贡院提出建议。1998 年 6 月，外交部副部长、国家旅游局局长韩克华在《二十一世纪的南京旅游景区》文稿中，建议修复江南贡院，并对江南贡院的修复规模、修旧如旧、展陈方式等提出具体的设想。2002 年 10 月 22 日，由江苏省人民政府公布将江南贡院遗存明远楼、飞虹桥、贡院碑刻并入江南贡院，作为江苏省重点文物保护单位。

2005 年，在中国科举制废止 100 周年之际，民进江苏省委提出《以南京江南贡院为基础建立中国科举制度博物馆》的建议，认为中国科举制度博物馆的建设应及早规划，尽快建设。2012 年科举博物馆正式立项，在南京江南贡院历史陈列馆原址扩建提升并更新馆名，并确立了要打造“三个中心”的目标，即建成科举文物保护中心、科举制度研究中心、科举文化展示中心。新馆于 2016 年落成，2017 年 1 月 28 日正式对外开放。

我们今日得以在科举博物馆中观瞻江南贡院一隅，与始于清末的贡院古迹保护意识密不可分。在他省贡院被拆除之时，江南贡院处置问题的争议，无形中也为江南贡院的保护赢得了一定的缓冲期。后经几代人的传承与努力，江南贡院遗迹成为贡院建筑中得以保存的佼佼者。如今，灯光掩映下的明远楼承载了南京历史的记忆，也为秦淮河畔留下浓墨重彩的一笔。

【文献点校】

史痴（录自《焦氏笔乘》卷四）

〔明〕焦竑 著 濮小南 校注

金陵史痴翁①，名忠，字廷直，能诗，又能为新声乐府②。性豪侠不羁，不喜权贵人，有不合，辄引去；或径以言折之，不顾。遇所善则留连忘怀，无贵贱皆与款洽。家有楼，近冶城，扁曰：卧痴。中列图史敦彝，位置雅洁；有酒肴，引客笑谈，呼卢其中，不醉不已。然翁饮辄醉，醉则按拍歌新词，音吐清亮，旁若无人。有姬何③，名玉仙，号白云道人，聪慧解篆书，居常以文字相娱乐，甚适也。有时出游，辄附舟而行，不告家人所往。女笄④当嫁，婿贫不能具礼，翁诡携观灯，同妻送至婿家，取笑而别。年逾八十，预命发引，己随而行，谓之生殡。其达生玩世如此。善作画，不拘家数，纵意作山水树石，清润纷错，天机浑成，大率以韵胜。得其片纸者，皆藏去以为宝。余友盛仲交⑤尝辑翁遗诗，同金元玉⑥诗为一帙，题曰《江南二隐》。惜未能板行耳。

［注释］

① 金陵史痴翁：史忠（1438—1519），字端本、一字廷直，晚号痴翁，应天上元（今江苏南京）人。卓荦不羁，不求仕进。家境丰裕，不事生产，犹嗜翰墨，诗、书、画，无所不精。妙解音律，喜交朋友，年逾八十，尚康健能饮，步履如少壮人。《明画录》有传。

② 新声乐府：亦称乐府新声，即元代《梨园按试乐府新声》三卷，上卷为套曲，中、下卷为小令。多有不常见之作品，为研

究元曲者所重。

③ 姬何：即史忠之妾何昙。《明画录》卷五：“何昙，字玉仙，号白云道人，上元人。史痴翁忠之妾。妙音律，得传张禄琵琶绝艺，兼能篆书。所画山水小景，萧疏淡宕，奕奕有致。”

④ 女笄：意为已成年的女儿。古时女子十五岁即成年，须用一种名“笄”的簪子插发，称“及笄”。《国语·郑语》注：“女十五而笄。”

⑤ 盛仲交：盛时泰（1529—1578），字仲交，号云浦，别号大城山樵，上元（今南京）人。贡生，天才敏捷，自幼好读书，惜科场屡屡失意，遂与山水结缘。一生著述颇丰，均为金陵山水名胜方志。有《牛首山志》《栖霞小志》《祈泽寺志》《金陵纪胜》《金陵泉品》《大城山全集》等。

⑥ 金元玉：金琮（1449—1501），字元玉，号赤松山农，上元（今南京）人。少聪颖，好吟咏，善书画。诗学欧阳修、苏轼，书法赵孟頫、张伯雨，画梅学杨无咎。不屑仕进，一生追求清静无欲的自由境界。钱谦益《列朝诗集小传》：“金琮善书，初法赵子昂，晚年学张伯雨，精工可爱。”

黄善聪（录自《焦氏笔乘》卷三）

〔明〕焦竑 著 濮小南 校注

黄善聪，金陵淮清桥①人，年十二失母，有姊已适人。父贩线香②为活，怜善聪孤幼无依，诡为男子装，携之游庐、凤③间。数年，父亦死，善聪变姓名曰：张胜，仍习其业。李英者，亦贩香，自金陵来，不知其女也，约为火伴。同寝食者逾年，恒称有疾不解衣，夜乃溲溺。弘治辛亥正月④，与英偕返金陵，年已二十矣。往见其姊，姊言："我初无弟，安得来此？"善聪笑曰："弟即善聪也。"泣语其故。姊怒且詈⑤之曰："男女乱群，辱我甚矣。汝虽自明，谁则信之？"拒不纳。善聪不胜愤懑，泣且誓曰："妹此身苟涴⑥，有死而已。须令明白，以表此心。"其邻有稳婆⑦，姊聊呼验之，果处子。乃相持恸哭，手为易男子装。明日，英来，再约同往，则善聪俄为女子矣。英大骇，问知其故，怏怏如有失。归告其母，其母大贤之。时英犹未室，即为求婚。善聪不从，曰："妾竟归英，保人无疑乎？"交亲邻里相劝，则涕泣横流，所执益坚。倾都喧传，以为奇事。厂卫⑧闻之，乃助其聘礼，判为夫妇。

［注释］

① 金陵淮清桥：即今南京淮清桥，其址在今南京市秦淮区建康路中段，桥跨青溪入淮处。

② 线香：即无竹芯的燃香，也称直条香、草香。由骨料、黏结料、香料、草药料等组成。初成于宋元，沿用至今。

③ 庐、凤：庐州、凤阳，即今安徽省合肥市、滁州市凤阳县。

④ 弘治辛亥正月：即弘治四年（1491）正月。

⑤ 詈：责骂。《说文解字》："詈，骂也。从网，从言。"

⑥ 涴：污染，弄脏，义同污。唐人张祜《集灵台》其二："却嫌脂粉涴颜色，淡扫蛾眉朝至尊。"

⑦ 稳婆：古时以接生为业的妇女，也称产婆、收生婆、接生婆等。

⑧ 厂卫：明朝设立的侦察机构。厂：东厂、西厂、内行厂；卫：锦衣卫，合称厂卫。主要职能为朝廷搜集各类情报，其头目多由皇帝的心腹亲信担任。

九老会记（录自《见在龛集》卷二十）

〔清〕濮文暹 著 濮小南 校注

金陵五老人醵饮[①]为会，暹[②]既咏以诗而缀以小序，记其所以然。会中，司马晴江[③]工六法，因属为图，今尚未就。曾日月几何，亲故中存亡之戚已比比然矣。而五老人者，方互询眠食孰胜，间适之往来孰多？间有积而成感慨者又孰深浅？亦未尝不各嗟迟暮，而逝者中英健少年，求如我辈迟暮之嗟且不可复得，然后叹五老人良不易覯[④]也。

夫物贵于所少，又将贪求其多。迁籍异地者，无论矣。白头同里猗岂无人，所学或异趣焉。志与学同矣，往往又卧病不得出门一步。甚者奔走乎四方，又安得于五老中再增一二心交之大年，为吾会广声气也。

有四老人者，曰：郭少庭[⑤]，曰：梅景韩[⑥]，曰：季克之[⑦]，曰：杨爵臣[⑧]，既求而得之，又合前后而位置之。今于是得以九老称，符成数也。则且综其年，若少庭七十有六最长，爵臣五十有八则最少，晴江与暹皆七十有五，豫生[⑨]与景韩皆七十有一，克之独七十有四，雨生[⑩]与伯虞[⑪]又皆六十有八。诸老人者，或仕，或隐，或宾，或师，既皆退居于钓游之乡，又朝夕得相笑言，虽仅九人而已乎，于斯会固为盛矣。

夫九老之名，创自香山[⑫]，世或有踵而行之者，都寂寂无所闻知。惟本朝同治之季年[⑬]，有胡君煦斋[⑭]于乡先生中推尊齿德而更饶学问者，亦曾得九人而大会于所创之愚园。文采风流，今犹啧啧人口。以吾会方之蔑矣，奚论香山，虽然白太傅[⑮]丁有唐末衰之祚，以贤公卿颐志于名胜之区，得地得时，为会自易。降及胡君，抑末矣。然吾乡大乱初夷，厥时公侯将相，一意休养，复东南元气；即民间父老，厌苦兵革又甚。遂各得以舍哺鼓腹，乐其余生，而薄海内外邦交尚和，咸震慑制胜之余威，不敢于尺寸间有所惊扰。当是时也，大姓世家，复我邦族，往往联裳襼[16]、逞游谳，得以财力争创别墅。而胡君之会，即未能追陪已往已较易于后来。今则何如也，顾皆不足论。惟我圣清仁寿，万物博厚，久远积累。至于纯庙[17]之朝，元运益昌，重华发越。于是，朝廷乃特举千叟之宴[18]，又分赐东南二大老之诗，养老之政，振古铄今，厥会为极。而吾辈九老人者，使竟得所遭际，安知不缀几杖之末班，分鼎彝之一脔。而今又何如也，生虽不辰，竟登耆耇[19]，又谁非累朝呕煦之余恩，各留一息。俾悲悯之怀，至老不敢懈。既无所报称矣，则寄情于一觞一咏而酣嬉于荒江老屋中。以有此会也，不其难哉，不其难哉！暹乃倡为诗歌，又属晴江图而存之，以备金陵之轶事。是为记。

［注释］

① 醵饮：意思为众人一起凑钱饮酒。

② 暹：濮文暹（1830—1909），原名守照，字青士，号梅梅颠，晚号瘦梅子，南京溧水人。咸丰九年（1859）己未恩科顺天乡试举人，同治四年（1865）乙丑科殿试第三甲第十二名进士，授刑部主事。在刑部十余年，历任员外郎、郎中，以风节自见。光绪九年（1883）出守河南，历任南阳、开封、彰德等地知府，所至有政声。光绪二十二年丁母忧，归居金陵羊皮巷，不再出仕。光绪二十七年应聘出任钟山书院改办之江宁中学堂总教习。以群经教士，生徒咸赞。光绪三十一年辞馆赴山东，就养于其长子、新泰县知县濮贤恪任州。宣统元年（1909），示微疾谢世，卒年80岁。著有《见在龛集》等。

③ 司马晴江：司马湘（1830—1919），字晴江，江宁人，祖籍常州。居于江宁城北焦状元巷。工琴能画。山水得其叔司马钟家法，花卉学清初画家恽寿平。以监生官浙江盐大使。善养生，辑有《一效集》医方传世。

④ 觏：遇见，遭遇。《说文》：“觏，遇见也。”

⑤ 郭少庭：郭绍庭（1829—？），绍庭应为其字，其名与生平惜无考。

⑥ 梅景韩：梅寿康（1834—？），字景韩，上元人。生平无考，著有《金陵梅氏支谱》十卷。

⑦ 季克之（1831—？）：克之应为其字，其名与生平惜无考。

⑧ 杨爵臣：杨毓斌（1847—？），字爵臣，江宁人，诸生。因父母多病为庸医所误，遂矢志学医。精于脉理，善于辨证；用药尊古，疗效尤著。有《治验论案》传世。

⑨ 豫生：朱绍亭（1834—1915），字豫生，江苏溧水人，居江宁府城。钟山书院肄业，光绪二年丙子恩科江南乡试举人。参与《金陵诗征》《国朝金陵诗征》《国朝金陵续诗征》的编纂，《同治上江两县志》分撰。

⑩ 雨生：陈作霖（1837—1920），字雨生，号伯雨、可园，江宁人。家住仓巷安品街。咸丰二年入钟山书院肄业。光绪元年乙亥科江南乡试中举。三赴礼闱不售，遂醉心教育，诗词方志，无所不擅。著有《金陵通纪》《金陵通传》《凤麓小志》《东城志略》《可园备忘录》等。

⑪ 伯虞：秦际唐（1837—1908），字伯虞，上元人。家住城南新廊南冈，初以童生入凤池书院，后肄业尊经、惜阴两书院，同治六年丁卯科江南乡试中举，候选知县。六上礼闱，报罢无名，遂不复出。先后应聘主讲凤池、奎光两书院，任山长，人称南冈先生。参与撰修《同治上江两县志》《光绪续纂江宁府志》，著有《南岗草堂诗选》《南岗草堂文存》《南岗草堂时文》《墨余集》

等。

⑫ 香山：白居易（772—846），字乐天，号香山居士，祖籍山西太原，生于河南新郑。贞元十六年（800）庚辰科进士，举书判拔萃科，授秘书省校书郎。历任盩厔（今陕西周至）县尉、翰林学士、左拾遗、京兆户部参军、太子左赞善、江州司马、忠州刺史、尚书司门员外郎、主客郎中、知制诰、中书舍人、杭州刺史、苏州刺史、秘书监、刑部侍郎、河南尹等。会昌二年（842），以刑部尚书致仕，居洛阳履道里。其间，邀胡杲、吉皎、郑据、刘真、卢贞、张浑、李元爽、僧如满等，组成“香山九老会”，宴游吟唱，怡享天然。会昌六年八月十四日，卒，时年75岁。赠：尚书右仆射，葬洛阳香山。著有《白氏长庆集》七十一卷。

⑬ 同治之季年：即同治三年，结合史乘记载，光绪五年正月初七，胡恩燮仿“香山九老会”之典，邀薛时雨、范志熙、赵彦修、钱应溥、陈宗濂、孙文川、杨长年、苏有炯八位耆贤俊彦，宴游愚园，时谓之“愚园九老会”云。

⑭ 胡君煦斋：胡恩燮（1825—1892），字煦斋，晚号愚园老人，江宁人。道光二十四年（1844），考入国史馆录为供事，记叙候补县丞。咸丰兵燹，为清军谋内应，出入江宁城凡三十六次，以军功授候选知府。其间，主办三汉河厘金局，入幕江宁织造、苏州织造等。光绪八年，创办徐州利国煤铁矿务局；十三年，因病返回南京。其宅院“愚园”在江宁门西花露岗，极尽山水亭阁之胜，被誉为“金陵狮子林”。光绪十八年，病卒，时年68岁。著有《患难一家言》《愚园草》等。

⑮ 白太傅：即白居易，因其官至尚书，故尊称之太傅也。

⑯ 裳襼：牵裙连袖，形容人多。潘岳《藉田赋》：“蹑踵侧肩，掎裳连襼。”

⑰ 纯庙：乾隆去世后，尊其庙号高宗，谥曰法天隆运至诚先觉体元立极敷文奋武钦明孝慈神圣纯皇帝。故后人多尊称其为

“纯庙”。

⑱ 千叟之宴：千叟宴，为清朝康乾嘉时期庆祝皇帝生辰举办的大型贺寿宴会，参加人员不分阶层，多为社会各行各业中六十五岁以上德高望重的老人。其间，共举办四次，分别为康熙五十二年（1713）三月，康熙六十一年正月，乾隆五十年（1785）正月，嘉庆元年（1796）正月。每次参加老人均多达数千人，场面十分壮观。

⑲ 耆耇：意指六十岁以上年高德劭的老人。苏轼《凤翔八观·石鼓》：“厌乱人方思圣贤，中兴天为生耆耇。”

南冈先生[1]传（录自《见在龛集补遗》）

〔清〕濮文暹 著 濮小南 校注

金陵有孝友君子，曰：南冈先生。既以疾终于家，郡人士无先后进，咸咨嗟涕洟，曰：乡先生殆尽矣。同郡老友溧水濮文暹[2]重以乡邦型式不敢没先生之生平，乃谨为之《传》曰：先生姓秦名际唐，字伯虞，籍江苏上元县。祖学诚，父士科，皆以品学有名于诸中，而士科与兄士先尤籍甚，当时所谓“二秦生”者。故秦氏家法以孝友称，久矣。

先生四岁而孤，六岁受母何氏教《论语》《毛诗》，皆成诵。九岁命出外就傅，后以佾生[3]肄业凤池书院[4]，侯青甫[5]山长惊为异才，先生甫十有三岁也。咸丰癸丑[6]粤贼陷金陵，母殉节于陶氏园池[7]，先生即跃入从死，遇救得起，既见母已死，悲愤再投水，再遇救，乃又得甦。救者掖之出奔，伶仃艰苦，避地吴楚间，佣书[8]救饥寒。

江南平，诸兄弟及女兄弟久流离失踪迹，先生苦访求，无远近，次第得迎归。祖遗田数百亩，尽分给之。此后，族党吉凶事有不能举者，戚友有困乏者，皆济之必竭所力；或者横逆相加，卒应所索然，固无余蓄也。而先生始归，叩哭求得母死旌葬如礼。然后出应试，以县学生食廪饩[9]时补行辛酉[10]选拔科，遂贡国学。旋领同治丁卯[11]科乡荐[12]，声誉大起。六试礼部五荐皆报罢，就职知县，叙劳加同知衔，终不出仕。惟应聘主各书院讲席，才隽多著弟子籍，乡望益隆。

诸名公总制江南，若曾文正[13]、李文忠[14]、沈文肃[15]、左文襄[16]，莫不虚心侧席，随事咨度。而金陵大兵后，创始诸政，要无巨细，凡经先生筹画，乃罔不成者。先生富著作，已刊行者，诗文词赋各集，其他官书手校甚备。庚子后，改立校士舍，先生迭为传习所教习、师范学堂教务长。时方争行新政，先生意匆匆不自得，将退休于南冈[17]。南冈者，六朝士大夫多萃集于此也。先生乐其风土，营草堂居之。以贫故赁与人，且数十年。今始赎归，居仅数十日，遂卒。时光绪三十四年戊申之夏也。年七十有二，子二：世芬，业儒；世兰，县学生。孙：良杶、良干。

濮文暹曰：暹交先生恨晚，然以言行相砥砺者，犹得有十余年。人但知吾辈好赠答于文字间，抑末矣。今已三年别，而文字之往复道途者，与十余年中兴会无殊。先生昨犹寄示移居南冈诗，未及见暹报章，而遂为绝笔矣。暹昔于先生座上得交陈翁雨生[18]，与先生持论，固和而不同者，然皆坚守旧学，足以维风教而砥狂澜。先生云亡，雨生德益孤，更何论暹在数千里外乎。雨生既为文诔先生，词蔚而情怆，又书来使作《南冈先生传》，暹仅以所知之大者，著于篇。后之君子，庶有所采录焉。

［注释］

① 南冈先生：秦际唐（1837—1908），字伯虞，上元人。家住城南新廊南冈，初以童生入凤池书院，后肄业尊经、惜阴两书院，同治六年（1867）丁卯科江南乡试中举，候选知县。六上礼闱，报罢无名，遂不复出。先后应聘主讲凤池、奎光两书院，任山长，人称南冈先生。参与撰修《同治上江两县志》《光绪续纂江宁府志》，著有《南岗草堂诗选》《南岗草堂文存》《南岗草堂时文》《墨余集》等。

② 濮文暹（1830—1909）：原名守照，字青士，号梅梅颠，晚号瘦梅子，南京溧水人。咸丰九年（1859）己未恩科顺天乡试举人，同治四年乙丑科殿试第三甲第十二名进士，授刑部主事。

在刑部十余年，历任员外郎、郎中，以风节自见。光绪九年（1883）出守河南，历任南阳、开封、彰德等地知府，所至有政声。光绪二十二年丁母忧，归居金陵羊皮巷，不再出仕。光绪二十七年应聘出任钟山书院改办之江宁中学堂总教习。以群经教士，生徒咸赞。光绪三十一年辞馆赴山东，就养于其长子、新泰县知县濮贤恪任州。宣统元年（1909），示微疾谢世，卒年80岁。著有《见在龛集》等。

③ 佾生：古代朝廷或文庙学宫举行祝典时，表演乐舞的童生，亦多指考秀才未入围而成绩尚可者。

④ 凤池书院：清代南京书院之一，以课童生为主。始建于乾隆四十二年（1777），其址初在夫子庙文会楼。道光十年（1830），迁至旧王府绣春园。同治七年，迁至长乐路琵琶巷。光绪二十七年，改为校士馆；三十二年，改为津逮小学堂。民国以后，先后称新廊小学、第五国民小学等。1949年后，改为长乐路小学。现为南京秦淮外国语学校长乐路校区，地址为长乐路135号。

⑤ 侯青甫：侯云松（1765—1853），字贞友、观白，号青甫，上元人。嘉庆三年（1798）戊午科江南乡试举人，选授歙县教谕。退休回宁后，应聘主讲凤池书院。授课为文，操纸立就。工尺牍，善画，笔墨所入，以诗酒自娱。家有胜阁，日登之以啸吟。苍颜皓发，望之若神仙中人。著有《薄游草》《根香圃诗稿》等。

⑥ 咸丰癸丑：即咸丰三年。

⑦ 陶氏园池：其址在陶家巷，位于今南京秦淮区老门东之东，南起三条营，北至剪子巷。清《同治上江两县志》、民国《首都志》均载有此巷。

⑧ 佣书：古时受雇佣以抄书为生者。金农《秋雨坐槐树下书怀》："何如佣书铁佛寺，写经一卷直一缣。"

⑨ 廪饩：古代由朝廷颁定发给各级官学生员的膳食津贴。

⑩ 辛酉：即咸丰十一年。

⑪ 同治丁卯：即同治六年。

⑫ 乡荐：唐宋时期，士子应试，多由州县保举推荐，称“乡荐”。明代设立乡试，故称乡试中举为领乡荐。

⑬ 曾文正：曾国藩（1811—1872），字伯涵，号涤生，湖南湘乡人。道光十八年戊戌科殿试第三甲第四十二名进士，选翰林院庶吉士，授编修。历任内阁学士、礼部侍郎，署兵、工、刑、吏等部侍郎。太平天国时期，回乡组建湘军，最终破太平天国天京。朝廷以功加太子太保，一等侯爵。两任两江总督、直隶总督，官至体仁阁大学士、武英殿大学士等。同治十一年三月二十日，病卒于两江总督衙署，时年 62 岁。赠太傅，谥文正。有《曾文正公全集》。

⑭ 李文忠：李鸿章（1823—1901），字渐甫，号少荃，安徽合肥人。道光二十七年丁未科殿试第二甲第十三名进士，改翰林院庶吉士，授编修，官东宫三师。太平天国时期，回乡办团练，创建淮军。太平天国失败后，任江苏巡抚，复又拥兵平定捻军。官进署两江总督。后调任湖广总督，官至直隶总督兼北洋通商大臣、文华殿大学士。光绪二十七年，病卒，时年 79 岁。赠太傅，封一等肃毅侯，谥文忠。有《李文忠公全集》。

⑮ 沈文肃：沈葆桢（1820—1879），字幼丹，又字翰宇，福建侯官（今福州）人。道光二十七年丁未科殿试第二甲第三十九名进士，选翰林院庶吉士，授编修，升御史。历任江南道监察御史、贵州道监察御史、九江知府、杭州知府、江西巡抚、福建船政大臣、钦差大臣赴台办理海防兼理各国事务、两江总督兼南洋通商大臣。光绪五年十一月，病卒于江宁两江督署，时年 60 岁。赠太子太保，谥文肃。有《沈文肃公政书》。

⑯ 左文襄：左宗棠（1812—1885），字季高，一字朴存，湖南湘阴人。道光十二年壬辰科湖广乡试中举，三赴礼部会试不第。咸丰三年起，先后入湖广总督、湖南巡抚幕府，屡立奇功，被荐

任四品衔兵部郎中，赏戴花翎。旋襄助曾国藩破灭太平军，以战功迁浙江巡抚。历任闽浙总督、陕甘总督、协办大学士、东阁大学士、钦差大臣督办新疆军务。收复新疆，清廷嘉封二等恪靖侯，军机大臣兼总理衙门行走。光绪七年，调任两江总督兼南洋通商大臣。光绪十年，钦差大臣督办闽海军务。十一年七月二十七日，病卒于福州，时年74岁。赠太傅，谥文襄。有《左文襄公全集》。

⑰ 南冈：位于南京城区东南隅，今秦淮区江宁路、老虎头一带。《同治上江两县志》卷四："南冈，在聚宝门内东南隅，今蟒蛇仓、石观音院地。"

⑱ 陈翁雨生：陈作霖（1837—1920），字雨生，号伯雨、可园，江宁人。家住仓巷安品街。咸丰二年入钟山书院肄业。光绪元年乙亥科江南乡试中举。三赴礼闱不售，遂醉心教育，诗词方志，无所不擅。著有《金陵通纪》《金陵通传》《凤麓小志》《东城志略》《可园备忘录》等。

南都[1]死难纪略

〔明〕顾苓　著　金毓平　校注

传曰："谋人之军，师败则死之；谋人之邦，邑危则亡之。"言与军国共存亡也。晏子[2]曰："君为社稷死，则死之；为社稷亡，则亡之。"言与君共死生也。士既策名[3]，报国之途非一，而身殉者其一端。世方多故，杀身之道亦非一，能死国者，其大义也。或进退由我，从容自裁，是为死节[4]；或矢石交攻，义不旋踵[5]，是为死事；或军败城陷，被执不屈，是为死难。三者之外，凡有身首分离，血膏原野者，何可胜数！然羽坑降卒[6]，非秦国之忠臣；汉斩丁公[7]，非楚王之烈士也。当死之际，先有必死之心，则致死之后，存其敢死之实。大夫、士居乡被祸，非自裁、非不屈、非执干戈亲矢石者不录，非其志也。节妇烈女不录，明国事也。儒生、贱卒死于国难者必录，《春秋》能卫社稷，童子不殇[8]之义也。有玷生平，致身临难者必录，存大节也。呜呼，自此以后，夫岂无豪杰之士，独患无身者乎？何敢以此律彼，曰："一死而外，何足道哉！"

吴郡　顾苓

太子太保充前锋总兵官兴平伯高杰

高杰，字英吾，陕西青涧人。伟姿容，好身手。与李自成[9]为盗，号"翻山鹞"。通自成妻邢氏。邢氏有才略，饶心计，两人相结，自拔来归。崇祯七年，降于援剿总兵官贺人龙[10]，立效，斩获以万计。

十五年五月，三边总督[11]孙传庭[12]杀贺人龙，隶杰总督军前，题充前锋总兵官。十六年九月，传庭围贼于河南之宝丰。自成来援，杰败之，复宝丰、唐县，杀贼妻子。传庭次汝州，自成逆战。杰知贼中委曲，战疾力，三败自成弟“一只虎”李过[13]。自成奔襄城。及传庭兵败，杰收合散亡，与传庭渡垣曲，回潼关。传庭败绩，守渭南，再败，传庭阵亡。杰帅所部奔延安，出山西，至河北，巡抚河南御史苏京[14]拒之河南。上疏曰：“闯贼将以数十万众谋犯京师，非合天下全力，未易征讨。宜急调辽蓟之兵，控扼真定，调宣大、阳和、柳沟等兵扼守居庸；调左良玉[15]出荆襄，入商洛，以扼其后，贼必不长驱而不反顾也。”不报。十七年二月，上命大学士李建泰[16]督师讨贼，调杰驰赴，督辅军前。三月，南奔泗州。京师既陷，与中外文武大臣推戴福王[17]即皇帝位，封兴平伯，驻札扬州城外，隶督师大学士史可法[18]军前，充前锋总兵官，置孥瓜州。上疏言：“目今江南大势，守江北以保江南，人人能言之。然，从曹、单渡，则黄河无险；自颍、归入，则凤、泗可虞[19]。犹或曰：有长江天堑在耳，若何而据上游，若何而防海道，岂必瓜、仪为江南之门户已乎？伏乞皇上定计，速行省议论，以免中掣，假便宜以作实效。”报闻。十月，上命杰西征。十一月，率兵至徐州，斩捕贼程继孔[20]，收其人畜。事闻，加太子太傅，赉银币，荫一子锦衣卫指挥千户。女直[21]遣唐时龙招抚江南，招杰，杰不从。遗女直肃王书曰：“逆闯犯阙，危及君父，痛愤于心。大仇未复，山川俱蒙羞色，岂独臣子义不共天！关东大兵，能复我神州，葬我先帝，雪我深怨，救我黎民；前有朝使，谨赉金币，稍抒微忱，独念区区一介，未足答高厚万一。兹逆闯尚跳梁西晋，未及授首，凡系臣子及一时豪杰忠义之士，无不西望泣血，欲食闯肉而寝其皮，昼夜卧薪尝胆，惟以杀闯逆、报国仇为汲汲。贵国原有莫大之恩，铭佩不暇，岂敢有萌异念，自干负义之愆，计贵国自能鉴谅。杰猥以菲劣，奉命堵河，不揣绵力，急欲会合劲旅，分道入秦，歼闯贼之首，哭奠先皇，则杰之血已尽，能事已毕，便当披发入山，不与世间事。一意额祝复我大仇者，兹咫尺光曜，可胜忻仰；一腔积愫，始终成贵国恤邻之名。且逆闯凶悖，贵国所甚恶也。本朝抵死欲报大仇，亦贵国念其忠义，在所必许。若能明此苦心，不见督过而共以逆闯为事，此本朝所厚幸也。本朝列圣相承，原无失德，只因贪官污吏，致祸至此。正朔承统，天意有在。三百年豢养士民，沦肌浃髓，忠君爱国，未尽泯灭，亦祈贵国之垂鉴也。杰守徐州一带，一切商贩，不拘何项货物，南北俱通交易，因资贵国应用。真心实意，出自肝膈，僭以素悃，奉达左右。鹄候裁示，以便奉行。”女直报曰：“肃王致书高大将军：观差官远来，知有投诚之意，正首建功之日也。果能弃暗投明，将军功名，不在寻常中矣。若但欲合兵剿闯，其事不与予言。或差官北来，予令人引奏，予不自主。”杰于是身先士卒，沿河置壁，专御女直。疏请以重兵驻归德，东西兼顾，且联络睢州援剿总兵官许定国[22]，纠合义勇，以定中原。许之。十二月，疏与总督张缙彦[23]，直抵开、洛，进据虎牢，请调靖南侯黄得功[24]、东平伯刘泽清[25]赴邳、宿守河。宏光元年[26]正月，杰冒雪抵睢州。时定国已降女直，质妻子还立效。杰开诚戒谕，不为备，定国迎谒甚恭。十二日，宴杰至夜半，醉之帐中，伏兵起，刺杀之。余军溃还，定国奔女直。杰夫人邢氏率子元爵，疏请以部将李本身为提督，领其军。上加监军卫胤文兵部右侍郎总督之。以元爵袭封兴平伯，赠杰太子太保，再荫一子锦衣卫百户，从优议应得祭葬。未上，而定国等导女直且薄南京矣。

论曰：兴平伯数败自成，自成复招之，立斩其使。既受国殊遇，锐志克复，雨雪充途，誓师四讨，卒死王事。太仆寺卿万元吉[27]语余曰：“四镇独兴平伯强，且知向背，非三镇比。”及南都陷，大臣之降女直者自北归，携所致肃王书，南都士大夫愧之矣。

兵部左侍郎兼都察院左都史经理河北联络关东左懋第

左懋第，字仲及，山东莱阳人。中崇祯四年进士，由知韩城县授户科给事中。崇祯十六年，奉敕以吏科都给事中察核上江军务[28]。十七年五月，上即位，以都察院右佥都御史巡抚应安等处。六月，丁母忧。上言："请同前都督陈洪范[29]倡义山东，以图恢复，兼负母骸骨。"不许。会遣洪范使北女直，议择大臣偕行，懋第复上言："臣之身，许国之身也。去年奉先帝察核之命，臣母属臣曰：'尔以书生受朝廷知遇，膺特遣，当即就道，勿念我。'今国难、家忧一时横罹，不忠不孝之身，惟有一死。倘得叩头先帝梓宫之前，以报察核之命，臣死不恨。"情词慨激。佥曰可，上许之。七月，加兵部左侍郎兼都察院左都御史，经理河北，联络关东。以太仆寺少卿兼兵部职方司郎中马绍愉副之[30]，同太子少傅都督陈洪范，赍大明皇帝致北国可汗书、犒师银十万两币称之，使女直。越三日，上召洪范、绍愉入对，懋第以丧服不召。上疏曰："臣此行，往问先帝后梓宫，又问东宫、二王消息，皆当衰麻往，谊不敢辞。但臣衔当议，同行之人不得不言。臣衔以经理河北、联络关东为命，带封疆重寄之衔，而往议金缯岁币，则名实乖。况以此衔往虏所，将先夺地而后经理乎？抑先经理而后往乎？衔之当议者也。若同行之马绍愉，壬午年，陈新甲[31]遣赴虏讲款，奴颜婢膝，得虏参貂无数，臣疏纠言，'中国宽一马绍愉，北庭添一中行说'，以此递解回籍。今与臣联镳出使，可无一言哉？如皇上用臣经理，祈命洪范同绍愉出使；而假臣一旅，同山东抚臣收拾山东。如臣同洪范使北，则去臣经理联络之衔，但衔命而往谒先帝后梓宫、访东宫二王消息，赏赉吴三桂[32]，并宣酬虏之义，而绍愉似可无遣。"不听。又疏言："臣原请者，收拾山东，结连吴镇，并可负臣母骸骨。而今以使北往，内痛于心。

唯以不辱自许，以死自矢，以报君命，而并完父母所生之身，死无恨耳。愿皇上勿以臣此行为必成，即成矣，无一款成为可恃。”乃给路费银三万两，并德州大学士谢升[33]、太仆寺少卿卢世漼[34]、辽东巡抚黎玉田[35]、总兵官祖大寿[36]敕书、吴三桂蓟国公诰券，及修陵寝资费以行。十月，次张家湾。懋第贻女直摄政王书，请以礼迎御书。十二日，女直礼部官又奇库率鼓吹前导懋第等入京，馆鸿胪寺。明日，礼部官来请御书，词不顺，懋第拒之。女直内院刚林[37]来，南向坐，懋第等三人北向坐。刚林问今上即位故，语毕，不受御书。又明日，索金币，与之；邀以君臣礼入朝，懋第不可。十余日，遣归，不得见三桂、大寿等。遥祭先帝山陵而返。至沧州，追懋第、绍愉北去，听洪范南行。懋第、绍愉移馆太医院，乃密疏归报先帝山陵、东宫、二王委曲。宏光元年正月朔，大书于门曰：“生为大明忠臣，死为大明忠鬼”。六月二日，女直知入南京矣，酺以酒食送懋第，懋第不食。部将艾大选[38]先辫发，杖之，勒自尽。司饷傅浚上告变懋第勾引东寇，谋危京城。女直以兵劫懋第辫发，懋第曰：“头可断，发不可断！”参谋兵部司务陈用极、游击将军王一斌、都司张良佐、王廷佐、守备刘统俱不屈，锒铛入狱。以水浸之，绝饮食者七日。执见女直摄政王，一揖就地，南向坐，用极从懋第坐。摄政王问立皇帝、招土寇、杀总兵、不投国书及当庭抗礼状等语，懋第抗言曰：“高皇帝子孙皆吾主也，况今上以亲以序，当即皇帝位。山东豪杰鼓舞中兴，勉以大义，授以方略，忠孝之人，不得称寇。我大明皇帝，念尔君臣为先皇帝发丧成服，破贼复城，遣懋第慰劳尔君臣。既不郊迎，又不以礼迎御书，成何国体？艾大选辫发，背叛大明天子，杀之何辞！天朝大臣，奉命通好，羁留囚辱，有死而已！”摄政王指用极曰：“尔何人？亦不跪！”用极曰：“我兵部也。三尺童子，羞拜犬羊，况堂堂大明人物耶？”摄政王乃从容曰：“汝等不怕死，皆是忠臣。今汝江南无主，辫发归降，不失富贵。”懋第曰：“不如斫头！”左右扶之出。降女直诸臣曰：“先生改念，则转祸为福，不然刀锯在前矣。”楙第曰：“吾本不怕死，公等之言，不自心有愧乎？”引至顺城门，将遇害，复有人奔马来曰：“降则封王。”楙第曰：“我为大明鬼矣！”遂南面叩头，与用极等五人俱死。时闰六月十九日也。观者皆哭。百姓闻之，知与不知，尽为流涕。门下士成默、徐元敷葬楙第于白马寺旁。用极，昆山人，以诸生荐举。一斌，宁国人，武进士。良佐、廷佐、统俱，上元人。

论曰：左侍郎之死，人比之文丞相云。士民哀伤，天地变色，皆类之矣。时丞相起兵被擒，侍郎奉使通好；而蒙古能迟丞相之死于数年之后，女直不能忍侍郎以日月，其度量相越，宁有量哉？

兵部右侍郎都察院右佥都御史总督江广应皖军务驻札九江袁继咸

袁继咸，字临侯，江西宜春人，中天启五年进士。崇祯十六年四月，为兵部右侍郎、都察院右佥都御史，仍免其罪，驻札九江，总督江、广、应、皖军务。上即皇帝位，继咸入朝面奏曰：“封爵以劝有功，无功而伯，则有功者不劝；跋扈而伯，则跋扈者愈多。”上曰：“事已成，奈何？”继咸又曰：“冬春间，淮上未必无事。臣虽驽，当奉皇上为澶渊之行。”又诣榻前密奏曰：“左良玉虽无异图，所部多降贼，非孝子顺孙，意外亦不可不防，臣当星驰回任。”复上疏曰：“自古国祚久长，有开创，必有中兴。然致治在于得人，而足国尤当审势。宋高宗[39]亦号中兴，然如李纲[40]、赵鼎[41]之贤而不能用，信任黄潜善[42]、汪伯彦[43]、汤思退[44]、秦桧[45]之徒；以故主势日卑，亲耻不雪，为万世笑，不得比于武丁[46]、周宣[47]、汉光[48]、唐肃[49]。祈皇上于在廷诸臣，知而已用者信之、任之，勿使小人参之；未及用者，明诏廷臣，各举所知，蒲轮[50]征召，共襄大业，则商、周、建武之隆，可立致也。自昔论建都者，右西北而左东南，亦据六朝、五代、弱宋之成迹论耳。我高皇帝龙飞淮甸，定鼎金陵，卒芟群雄，驱胡虏，取中原，安在东南不可起西北哉！今皇上缵承大统，定鼎镐京，攻守先后之大势，不可不早计。不先自治而遽图敌，立败之道也。臣谬谓欲料理淮南、江北，则必处置溃兵；欲料理河南，宜别遣风力重臣抚治。料理襄樊，必开帅府，宿重兵，为持久计。且襄樊守，则可由宛叶以图关中；淮南、江北守，则可由归德以图河南，由彭城以图河北，此攻守大势也。然臣终以明断为请，理非明不能断，机非断不能决，臣故以为得人、审势之要也。”报闻。宏光元年三月，贼李自成从襄阳至潜江，左良玉告急。数日，举兵反，焚武昌。东下，邀继咸于九江，继咸不从。良玉破九江，继咸入良玉舟，函责之。良玉哭曰：“吾负临侯！”。是夕，呕血死。良玉子梦庚[51]挟继咸抵池州。女直攻扬州，梦庚闻之，复西上，遇女直英王于九江。梦庚降之，继咸不屈，曰：“吾为国重臣，受累朝厚恩，岂事二姓！”拘以北去，终不屈，遇害。

论曰：良玉之作逆也，至九江，与袁公书曰：“愿握手一别，为皇太子死。”入舟，至，诈皇太子密谕与盟，袁公不从。良玉焚掠九江，袁公固将死之矣；此时不死，中朝所以责袁公也。且为梦庚挟以北去，苟非终不屈死，天下万世，将谓良玉作逆，袁公实与谋矣。

巡按山东联络河南北直监察御史凌駉

凌駉，字龙翰，直隶歙县人，中崇祯十六年进士。十七年正月，特命以兵部职方司主事、赞画，督师大学士李建泰军。上即位，以督师大学士史可法荐，改授监察御史，巡按山东，以便宜联络河南、北直。十二月，入朝，赴归德。女直渡河，招駉，駉不听。归德陷，女直曰：“不生致凌御史，则屠城。”駉单骑往，侄润生执辔从之。不屈，遗女直书有："愿坚盟好，勿轻南下。否则，扬子津头凌御史即钱塘江上伍相国"之语。赋诗自缢。女直厚为之殓。事闻，赠兵部侍郎。

赠河南道御史凌润生

凌润生，駉侄也，随行不屈，死之。赠河南道御史。

河南副总兵丁启光家丁

家丁，失姓名。女直至河南，副总兵丁启光迎之。其家丁控马不令前，曰："将军兄弟受国重托，岂无人心？不能战，乃往迎乎？"启光不听。家丁投水死。

扬州府知府任民育

任民育，山东济宁州人。由乡试中式，历官扬州府知府。城破，盛服坐堂中，手印，不屈死。

江都知县周志畏，县丞王志瑞

周志畏，字抑畏，浙江鄞县人，中崇祯十六年进士，授江都县知县。王志瑞，字研方，浙江孝丰县贡生，授江都县县丞。城破，俱死之。

江都诸生张嗣祥、高孝缵、王永交、王士俊、士秀

张嗣祥，江都县学生，城破，合门自焚。高孝缵，字申伯，衣巾自缢于扬州府学明伦堂。王永交，一名奂，字元龙，仰药死。王士俊兄弟二人，相对自缢于家之中堂。

吏部尚书张捷

张捷，字志涵，直隶丹阳人，万历四十一年进士。由知山阴县为河南道御史，累官太仆寺少卿，天启七年革职。崇祯三年，召为大理寺少卿，历都察院左副都御史、吏部侍郎。八年，坐累下狱为民。上即位之八月，召为吏部左侍郎。十月，上传以为吏部尚书。宏光元年五月初十夜，上出狩。明日，捷欲走丹阳，闭门不得出，与僧怀璧趋鸡鸣寺。怀璧结缳梁上，捷投缳死。

都察院右副都御史杨维垣

杨维垣，字斗枢，直隶彭城卫人，中万历四十四年进士。由行人为云南道御史，出为山西副使。天启三年，称病去。是年，即家起御史，历太仆寺卿。崇祯二年三月，以交结近侍戍淮南。上即位，召为通政司使。宏光元年二月，为都察院右副都御史。五月十一日，沉其妾朱氏、孔氏于井中，正衣冠，缢私寓。

钦天监五官挈壶陈于阶

陈于阶，字瞻一，直隶上海人，由儒士为钦天监五官挈壶[52]。五月十二日五更，缢死。

刑部尚书高倬

高倬字□□[53]，四川忠州所人，中天启五年进士，知德清县。

调金华，召入为河南道御史。崇祯十五年，为都察院佥都御史，提督操江。宏光元年二月，以工部右侍郎为刑部尚书。五月十七日，自缢刑部署中。

户部江西司郎中刘成治

刘成治，字广如，湖广汉阳人，中崇祯七年进士，知庐陵县，左迁历官至户部江西司郎中。五月十七日，自缢邸中。

南京国子监生吴可箕

吴可箕，直隶休宁人，肄业国子监。五月十八日，在鸡鸣寺关壮缪庙中题诗，有“操心死国难，不作两朝人”之句。袖中家书一函，大略言忠孝不能两全。自缢死。

中书科中书舍人陈镳，子河南举人陈伯俞

陈镳，字允叶，河南孟津人，中崇祯十六年进士，授直隶青浦县知县。镳避贼怀庆，遇上于尘埃中。会上立朝南京，请内改，得中书科中书舍人。上出狩，镳死之。子伯俞，中崇祯十五年举人，抱父恸哭，亦死。

上既出狩，礼部尚书钱谦益[54]令五城兵马指挥牒报自尽官民姓名，得以上八人。后尚书以册子寄余，遗书曰：“当金陵初破时，于刀头剑铓上理会此事，亦妄想日后有用着处。今得有心之捞笼发挥，故是诸人英灵不泯，铜崩钟应[55]，倘亦先为之兆耶？”其言亦可怜也。

靖国公左柱国黄得功

黄得功，字浒山，辽东开原卫人。崇祯十七年，以擒叛将刘超功封靖南伯。上即位，进靖南侯，分镇驻仪真。八月间，议款女直，得功与万元吉书言："不可示之以弱，恐长觊觎，恣要挟，辱国非小，请帅师进取！"元吉以闻。上以北使方行，大兵继渡未便，命移驻庐州。宏光元年四月，左良玉反。得功与阮大铖[56]书，言誓剿逆。朝廷倚以为重，命驻兵荻港、旧县、三山。又命移家镇太平，破良玉子梦庚于铜陵，加左柱国，荫一子锦衣卫指挥佥事，赉银币。五月，再奏捷，进靖国公。女直渡江，上出狩，幸其军。刘良佐[57]降女直，邀车驾于军中，又以胡服招得功。得功裹巾出战，蹴服于水。女直射得功，中项，得功拔箭自刎死。

芜湖水师副总兵翁之琪

翁之琪，浙江仁和人，由诸生中崇祯十六年武进士。宏光元年，以副总兵隶芜湖水军。上出狩，幸其舟。上蒙尘，之琪投水死。

操江水师副总兵李金禄，都司彭述性

李金禄，四川人，彭述性，九江人，俱隶提督操江水师。上出狩，提督诚意伯刘孔昭[58]入海。五月十九日，金禄先沉其妾，自投于江；述性合门投水。

礼部仪制司主事黄端伯

黄端伯，字元功，江西新城人，中崇祯元年进士，授浙江宁波府推官，丁忧。补杭州府推官，再丁忧去。宏光元年考选，授礼部仪制司主事。女直入南京，不投谒，捕去，不屈。女直曰："尔以宏光为何如主？"端伯曰："天王圣明。"又曰："马士英[59]何如？"端伯曰："忠臣。"众人哗曰："士英何得为忠臣！"端伯曰："士英不降而起兵浙江，何得不谓之忠臣？"遍指南京文武诸臣，曰："此乃忘君事仇，不忠之臣！"诸臣面之，遂遇害。

户部主事吴嘉允

吴嘉允，字方勖[60]，直隶华亭人，中应天乡试，历官户部主事。日夜算钱谷，绝请谒宴会。五月，奉差出都，寓城外未行。女直入京，上书请复明社稷。六月二十四日，冠带拜木末亭方正学祠[61]，缢于树。

中书科中书舍人龚廷祥

龚廷祥，字佩潜，直隶无锡人，中崇祯十六年进士。宏光元年，授中书科中书舍人，束修自好。五月二十三日，具冠带，自沉秦淮之武定桥下。

江宁武举人黄金玺

黄金玺，江宁人。女直入南京，书于壁曰："大明武举黄金玺，一死以愧人臣之怀二心者。"遂自缢。

司礼监太监韩赞周

韩赞周，崇祯间以司礼监守备南京。上即位，以赞周管司礼监事。见马士英、阮大铖等擅政，每移病私寓。上出狩，于报恩寺阁投水死。

小冯内侍

小冯内侍，失其名。上出狩，投秦淮河死。

百川桥乞儿

上出狩，有乞儿题诗百川桥上，自缢死。诗曰："三百年来养士朝，如何文武尽皆逃？纲常留在卑田院，乞丐羞存命一条。"

长班

长班，失其姓名。所随官投谒女直出，长班问："若何？"曰："如是矣。"长班曰："我不服！"。投水死。

长洲县学诸生顾所受

顾所受，字东湖，长洲县学诸生。闻上出狩，谒知县李实，要以死。五月二十四日，女直安抚苏州，所受服儒服哭于文庙，投泮池死。

詹事府少詹事兼翰林院侍读学士徐汧

徐汧，字九一，直隶长洲人，中崇祯元年进士，改庶吉士。二年，女直薄都城，自誓必死，作矢志诗寄太夫人。三年，授翰林院检讨，历左春坊右谕德，引疾里居。十七年，同官项煜[62]降贼盗归，檄数其罪。南京倚以为重，以詹事府少詹事兼翰林院侍读学士召，复引疾不赴。女直兵至苏州，六月十二日，泛小舟虎邱后溪，自沉死。

吏部主事夏允彝

夏允彝，字彝仲，直隶华亭人。中崇祯十年进士，授福建长乐县知县，丁忧归。北都之变，尽籍其家以助饷，作《臣贼大议》。上即位，以吏部主事召。服未阕，不赴。宏光元年六月，投水死。

徐念祖

徐念祖，字无念，华亭人，文贞公诸孙也。女直至，聚家中十七人，恸哭，谓之曰："吾祖宗清白传家，奈何以身受辱！"合门缢死，纵火于堂，身投火中。

诸生严绍贤、董元哲、马纯仁、徐怿、项志宁

闰六月十二日，女直断发。诸生无锡严绍贤、武进董元哲、六合马纯仁、常熟徐怿、项志宁死之。

木匠汤士鳌，元玄妙观前卖面人

汤士鳌，金坛人，不愿断发，哭祭祖、父，投水。卖面人，失其姓名，夫妇俱缢死。

行人司行人陆培

陆培，字鲲庭，浙江仁和人，中崇祯十三年进士。宏光元年，授行人司行人。六月，女直至浙江。培具酒请于母曰："儿兄弟三人，培中进士，当死国。"以觞酌其妻曰："以堂上、膝下累汝。"遂出。母遣女奴促之曰："此时不死，不得死矣。勿念我！"乃缢。

举人祝渊

祝渊，字开美，浙江海盐人，中崇祯六年乡试。以疏论刘宗周不当罢，被逮。上即位，兵科给事中某请优以台谏，不许。女直入浙江，急为其亲营葬，闰六月初一日，葬毕，归自缢。

上海县儒学教谕眭明永

眭明永，字高年，直隶丹阳人。中崇祯十五年乡试，就松江府上海县儒学教谕。女直入松江，明永处家事毕，赋诗服朝服，缢于明伦堂。

钱塘县知县顾咸建

顾咸建，字汉石，直隶昆山人。中崇祯十六年进士，授钱塘县知县。女直至浙江，巡抚张秉贞[63]奉皇太后及潞王[64]以杭州降。咸建归里，女直捕获之，授以官，不屈，被杀，百姓皆哭。盛暑悬首，蝇蚋莫敢近。

都察院左都御史致仕刘宗周

刘宗周，字起东，学者称念台先生。中万历二十九年进士，授行人司行人，乞归养；及补职，复称疾乞归。至崇祯十四年，累官吏部侍郎。十五年，为都察院左都御史。甲申六月，上疏言："今日中兴大业，非讨贼复仇，无以表陛下渡江之心，非毅然决策亲征，非以作忠臣义士之气。请驻亲征之师于凤阳，又请按淮抚路振飞[65]倡逃、高杰、刘泽清临阵脱逃，罪可斩。"七月，疏纠大学士马士英，且言文武将相未尽调和，官府表里，多出权宜。既入朝，因上传以阮大铖为兵部添设侍郎，疏言风纪之地，当争者三，祈寝大铖新命。九月，乞休去。临行，复疏修圣政、振王纲、明国是、端治术、固邦本五事。宏光元年六月，女直徇绍兴，不食十四日死。

巡抚苏松等处都察院右佥都御史致仕祁彪佳

祁彪佳，字虎子，浙江山阴人。中天启二年进士，授福建兴化府推官，召为福建道御史，巡抚苏松，复命乞归。上监国，以令旨宣谕苏松。上即位，以为都察院右佥都御史，巡抚苏松等处。疏请革诏狱、廷杖、缉事三弊政，许之。十月，称疾致仕。宏光元年六月，女直至浙江。彪佳徘徊家园，徐谓客曰："尔赖吾辈全活，今奈何？"客去，从容沉池水中。

礼部尚书兼文渊阁大学士致仕高宏图

高宏图，字砆斋，山东胶州人。中万历三十八年进士，由中书科中书舍人改陕西道御史。天启五年，闲住。七年，诛魏忠贤[66]，召还，累官工部侍郎。崇祯六年，以上遣内臣监督户、工二部，五上疏求去。上怒，革职。十五年，召为南京户部尚书。今上即位，改礼部尚书兼东阁大学士，入阁办事。八月，加太子少保、文渊阁大学士，忤同官马士英；请召史可法入直，又争用阮大铖。及票旨屡发改，四上疏乞休。十月，致仕，流寓苏州。明年，复渡钱塘至绍兴。六月，女直至浙江，不食死。

诸生王毓蓍，布衣潘集、周卜年

王毓蓍，字元子，会稽县学诸生。潘集字子翔，会稽人。周卜年，山阴人。宏光元年六月，女直徇绍兴，各投水死。闰六月十三日，苏州、松江、常州之宜兴、江阴、镇江之金坛、浙江之嘉兴、湖州及杭州之属邑，大夫、士庶人各起兵，杀女直委署官。城守女直兵分攻之，义兵败绩。惟江阴守两月，杀女直兵无算，而后败。绍兴奉鲁王[67]监国。七月，唐王[68]即位于福州。

福山总兵鲁之玙，材官韦武韬

鲁之玙，字瑟若，苏州卫人，以世职累官福山副总兵。闰六月十三，破苏州，斩女直一级出城，召义兵复入，人鸟兽散矣。独斗城下曰："我无面目去！"力战死。

韦武韬，苏州人，少年以拳勇闻，受材官札。十三日，入女直营，射死三人，夺一马骑出城；复驰入，杀女直四人，援绝战殁。

通政司左通政侯峒曾，进士黄淳耀，举人张锡眉、龚用圆，诸生黄渊耀、侯元演、元洁

侯峒曾，字豫瞻，直隶嘉定人。中天启五年进士，历官浙江嘉湖分巡道。上即位，召为通政使司左通政。请终养，许之。闰六月十三日，率其子诸生元演、元洁，门人同邑进士黄淳耀，举人张锡眉、龚用圆，诸生黄渊耀，杀女直委署官，登埤捍御。城破不去，淳耀先缢，渊耀继之，锡眉、用圆亦死。峒曾溺池水，二子被害。

中书科中书舍人李待问，行取罗源县知县章简

李待问，字存我，中崇祯十六年进士，授中书科中书舍人，奉差在籍；章简，字次公，由举人为罗源县知县行取，未入京，皆华亭人。起义兵，尽杀女直委署松江府县官。待问、简各守一门，城破不屈，死之。

贡生朱集璜

朱集璜，字以发，昆山人。义兵起，守城不去。七月十五日，城破，投水死。

金山卫参将侯承祖及其子世禄

侯承祖，金山卫参将。闰六月，同子世禄起兵守金山卫。世禄身中四十矢，不屈死。女直招承祖降，承祖以刀指其身曰："我为官二十八年，今日之死，固分内事！"大笑死之。

诸生张龙文

张龙文，武进县学诸生。率乡兵薄城，败死。

吏部尚书致仕徐石麒

徐石麒，字虞求，浙江嘉兴人。中天启二年进士，由工部主事丁忧；补南京礼部，改吏部。历文选、考功司郎中，累官至刑部尚书，闲住。上监国，召为都察院左都御史。七月，上以为吏部尚书，入朝请称南京为“行在”，不听。八月，陈铨政七事，曰：定官制、慎破格、行久任、慎名器、严起废、明保举、消朋党。九月，称疾致仕。上曰：“冢臣犹冢子也，当优礼遣。”予驰驿，给覃恩例。宏光元年闰六月，义兵起，推公出城守，城破自缢。

国子监生张廷章

张廷章，嘉兴人，以诸生入国子监。义兵败，服儒服，缢于家之正寝。

武英殿中书舍人戚勋，诸生吕九韶

戚勋，字羽明，直隶江阴人，由诸生入资为武英殿中书舍人。闰六月，江阴义兵起，勋主饷，被围二月，饷不缺。及城破，率其妾六人登楼纵火自焚。

吕九韶，武进县学诸生。入江阴从义兵，城破，自刎死。

举人葛麟

葛麟，字苍公，丹阳人，中崇祯十五年举人。闰六月，入长兴山中起兵。八月二十八日，与女直战，独刺杀五六十人。女直环射之，投水死。

纪略

注释：

① 南都：指南京。明代朱元璋定都南京，燕王朱棣夺取政权迁都北京后，南京作为陪都。明亡后，南明又一次以南京为都。

② 晏子：即晏婴，字仲，春秋时期著名政治家、思想家、外交家。

③ 策名：谓科试及第，获取功名。

④ 死节：为保全节操而死。出自《楚辞·九章·惜往日》：或忠信而死节兮，或訑谩而不疑。

⑤ 旋踵：指畏避退缩。出自《韩诗外传》：夫天怨不全日，人怨不旋踵。

⑥ 羽坑降卒：即项羽新安杀降。出自《史记·项羽本纪》：及秦军降诸侯，诸侯吏卒乘胜多奴虏使之，轻折辱秦吏卒。……于是楚军夜击坑秦卒二十余万人新安城南。

⑦ 汉斩丁公：即高祖赦季布斩丁公。出自《汉书·季布栾布田叔传》：及项王灭，丁公谒见高祖，以丁公徇军中，曰："丁公为项王臣不忠，使项王失天下者也。"遂斩之，曰："使后为人臣无效丁公也！"

⑧ 童子不殇：不以未成年人的丧礼来安葬（为保卫国家而死的）孩子。出自《礼记·檀公下·战于郎》：战于郎。公叔禺人遇负杖入保者息。曰："使之虽病也，任之虽重也，君子不能为谋也，士弗能死也，不可，我则既言矣！"与其邻重汪踦往，皆死焉。鲁人欲勿殇重汪踦，问于仲尼。仲尼曰："能执干戈以卫社稷，虽欲勿殇也，不亦可乎？"

⑨ 李自成（1606—1645）：原名鸿基，小字黄来儿，又字枣儿，生于陕西延安府米脂县李继迁寨（今横山境）。明末农民起义军领袖，大顺政权建立者。

⑩ 贺人龙（？—1642）：陕西米脂县北菜地峁（今属李家站乡）人，明末名将。万历年间武进士，初以守备官隶于延绥镇巡抚洪承畴麾下。崇祯年间，参与镇压农民起义，作战悍勇，人呼“贺疯子”。崇祯十五年（1642）五月被杀。

⑪ 三边总督：明代陕西北部沿边分设延绥、宁夏和甘肃三边，并设立“总督陕西三边军务一员”，简称三边总督。

⑫ 孙传庭（1593—1643）：字伯雅，又字白谷，代州振武卫（今山西代县）人。万历四十七年（1619）进士。崇祯十五年任兵部侍郎，总督陕西。次年升为兵部尚书（改称督师）。带兵镇压李自成、张献忠民变。由于时疫流行，粮草不足，兵员弹药缺少，朝廷催战，无奈草率出战，后兵败，在陕西潼关战死，马革裹尸，年约51岁。

⑬ 李过（1600—1650）：又名李锦，字补之，号赤心，陕西米脂人。明末名将，为大顺政权主要将领之一，闯王李自成的侄子，绰号“一只虎”。李自成遇害后，联合何腾蛟抗清。绍宗朱聿键称帝后，授龙虎将军，封兴国侯。永历初年，晋封兴国公，任兵部右侍郎。永历四年（1650）卒，时年50岁。

⑭ 苏京（1592—1653）：字殿卿，号临皋，安东卫（今山东日照岚山）。明、清两朝重臣，事君先明而清。既入《明史》，亦入《清史》。

⑮ 左良玉（1599—1645）：字昆山，东昌府临清州（今山东临清）人。官至平贼将军、太子少保，封宁南侯。崇祯十七年三月封宁南伯。南明福王朱由崧即位后，晋为侯，镇守武昌。顺治二年（1645）三月二十三日从武昌起兵，以清君侧为名，进军南京，不久，病逝于九江舟中。其子左梦庚率所部降清。

⑯ 李建泰（？—1649）：字复余，号括苍。明末山西曲沃人。天启进士。崇祯十六年，为吏部右侍郎兼东阁大学士。次年春，驰援山西，以私财召募士卒御李自成农民军，于保定，为大顺农

民军俘获。清兵入关后，召为清内院大学士，坐事罢归，后为清军所杀。史称“风骨峭拔”“性情慷慨”。

⑰ 福王：即南明弘光帝，名朱由崧（1607—1646）。明神宗之孙，福王朱常洵之子，思宗之堂兄。崇祯十六年，袭福王封爵。明亡后，被原明凤阳总督马士英等拥立于南京监国，继称帝，年号弘光。昏庸无能，沉溺酒色，任由马士英、阮大铖专擅朝政。弘光元年（1645），清军逼进南京，在芜湖被俘，次年于北京被杀。

⑱ 史可法（1602—1645）：字宪之，号道邻，明河南祥符（今开封）人，祖籍大兴。崇祯进士，授西安府推官，稍迁户部主事，历员外郎、郎中。崇祯八年，迁右参议，分守池州、太平、监江北诸军堵截农民军。十年，擢右佥都御史，巡抚安庆、光州等府县，提督军务，扼李自成军。后由漕运总督、凤阳巡抚升任南京兵部尚书，参赞机务。明末，拥立福王朱由崧（弘光帝）为帝，官至督师、建极殿大学士、兵部尚书，领军抗清。弘光元年，清军大举围攻扬州城，不久后城破，史可法拒降遇害。南明朝廷谥之为“忠靖”，清乾隆帝追谥为“忠正”。其后人收其著作，编为《史忠正公集》。

⑲ 曹：即曹县，属今山东省菏泽市。单：即单县，属今山东省荷泽市。颍：即颖州，因临颍水而得名，始称于北魏，属今安徽省阜阳市。归：即归德府，洪武元年（1368）降府为州，属开封府。今睢阳区商丘古城。凤：即凤阳，是明太祖朱元璋的家乡。今属安徽省滁州市。泗：即泗州，古地名。辖地大概在今天泗县、明光市、天长市、泗洪县、盱眙县一带。

⑳ 程继孔：一名程肖予，徐州萧县程村（今安徽淮北杜集区石台镇程村）人，亦云萧县健步人。凌蒙初墓志铭载“时有流寇陈小一（程肖予的讹音），自号萧王，拥众数万，据有丰城，多储粮糗。其党扫地王等出入于山东傍郡及归德、萧、砀等地，沿河数百里受其绎骚，其渠魁分屯徐境。”

㉑ 女直：即女真族。

㉒ 许定国（？—1646）：河南太康人，明末清初将领、军阀。降清后，隶属汉军镶白旗。

㉓ 张缙彦（约1600—1672）：字濂源，号坦公，自号外方子、大隐、绿居，河南省新乡市翟坡乡小宋拂村人。崇祯四年，中进士。崇祯十六年，任兵部尚书。顺治三年，张缙彦投靠清朝，先后任山东布政司右布政使、浙江左布政使、工部右侍郎。顺治十七年，张缙彦被流放至宁古塔。康熙十一年（1672），死于宁安。

㉔ 黄得功（？—1645）：号虎山，明末开原卫人。军中号黄闯子，官至太傅、左柱国，封靖国公。在对农民军的战争中，黄得功迫降五营兵，擒马武，杀王兴国，破张献忠，战功赫赫。崇祯末年，封靖南伯。明朝灭亡后，因参与拥立福王朱由崧，晋为侯爵，与刘良佐、刘泽清、高杰并称为江北四镇。清军南下，为救弘光帝朱由崧受伤自杀。

㉕ 刘泽清：字鹤洲，一作雀洲，明末清初山东曹州（今菏泽）人。官职从守备累迁总兵、左都督。崇祯八年，统制山东兵防漕运，镇压地方农民起义军。崇祯十六年，率师增援开封府，与起义军接战三日，随后拔营而去。明朝灭亡后，南遁江淮，到处焚掠，并与马士英、高杰等拥立福王。驻庐州（今安徽合肥），镇守淮北，封为东平伯。弘光元年清兵南下，扬州告急，投降清兵。后又谋反清，被杀。

㉖ 宏光：史作“弘光”。弘光，是明安宗朱由崧的年号，朱由崧在位仅八个月。

㉗ 万元吉（1603—1646）：字吉人，南昌人。明天启五年（1625）中进士，历任州府推官。后任南京职方主事，进郎中。明朝灭亡后，福王朱由崧于崇祯十七年五月在南京称帝，万元吉随即擢太仆少卿，指挥抗清斗争。第二年，清军攻占南京，福王被俘，唐王朱聿键在福州称帝，授万元吉兵部右侍郎兼右副都御史，总督江西、

湖广诸军。隆武二年（1646）清兵追逼，元吉由吉安入赣州时加兵部尚书。清兵乘胜占领赣州，元吉战败投水而死。万元吉擅于诗文，著有《墨山草堂诗文集》《燕游记》《寓永集》等。

㉘ 上江：多指长江的上游地区。又因长江从安徽流入江苏，故旧称安徽为上江，江苏为下江。

㉙ 陈洪范(？—1646)：字东溟，辽东人。早为明臣，降清叛变，祸乱南明。回江南充当内奸，散布清军势大难敌，劝人及早投降，被人称为“活秦桧”。

㉚ 马绍愉：字成愚，号太和，四川潼川州遂宁县（今四川遂宁）人。万历三十一年举于乡，历宝应、武康、旌德知县，迁行人，受兵部尚书陈新甲的推荐跟随洪承畴筹划兵事。后分别于崇祯十五年与崇祯十七年两次分别奉兵部尚书陈新甲与弘光帝朱由崧之命以主使和副使的身份出使清朝，并在第二次出使清朝时降清。

㉛ 陈新甲(？—1642)：四川重庆府长寿县人(今重庆长寿)。万历三十六年举人，授定州知州。崇祯元年，入为刑部员外郎，进郎中，迁宁前兵备佥事。崇祯七年，擢右佥都御史，巡抚宣府。崇祯十一年，擢兵部右侍郎兼右佥都御史，总督宣大，协御清兵。崇祯十三年，进兵部尚书。崇祯十五年，松锦之战中因指挥失误而大败。在内外交困之下崇祯帝密使他与清兵图和议，旋因家童无意间泄露消息，舆论大哗，被杀。

㉜ 吴三桂（1612—1678）：字长伯，一字月所，明朝辽东人，祖籍江南高邮（今江苏高邮），锦州总兵吴襄之子，祖大寿外甥。明末清初著名的政治、军事人物。明崇祯时为辽东总兵，封平西伯，镇守山海关。崇祯皇帝登基，开武科取士，吴三桂夺得武科举人。不久，又以父荫为都督指挥。崇祯十七年降清，在山海关大战中大败李自成，封平西王。顺治十六年，吴三桂镇守云南，引兵入缅甸，迫缅甸王交出南明永历帝。康熙元年，吴三桂杀南

明永历帝于昆明。同年，晋封为平西亲王，与福建靖南王耿精忠、广东平南王尚可喜并称“三藩”。康熙十二年，自称周王、总统天下水陆大元帅、兴明讨虏大将军，发布檄文，史称“三藩之乱”。康熙十七年，吴三桂在衡州（今衡阳）登基为皇帝，国号大周，建都衡阳，建元昭武，同年秋在衡阳病逝。

㉝ 谢升（1672—1645）：字伊晋，山东德州人。万历三十五年中进士，历任北直隶三河县、遵化县、雄县、河南滑县知县，升礼部主事。曾为太子讲书，历任吏部文选司郎中、太常寺少卿、太仆寺卿、吏部左侍郎、南京吏部尚书等，官至建极殿大学士兼吏部尚书，加少保兼太子太保。崇祯十五年因泄露议和之事，罢官归乡。清军入关后投降，封官复原职。顺治二年卒。

㉞ 卢世漼（1588—1653）：字德水，一字紫房，晚号南村病叟，山东德州人。明天启五年进士，官监察御史。告病归。入清后，起复原官，以病辞归，纵酒佯狂而终。著有《尊水园集略》《读杜私言》等。

㉟ 黎玉田：字函中，陕西乾州（今陕西乾县）人，明崇祯元年进士，授仪封（今河南兰考县）知县，调沈丘县知县，平盗贼，调杞县知县，历任保定、昌平佥事，有守城功。崇祯十一年，以副都御史巡抚保定。崇祯十五年，松锦之战失败后，辽东巡抚邱民仰等一百多名文武官员被清军杀害，黎玉田临危受命，以右副都御史衔，担任起了明朝最后一任辽东巡抚。十二月，清军围攻宁远，黎玉田指挥吴三桂出战，阵斩梅勒章京讷尔特，上疏请求内迁。崇祯十七年，擢升右都御史。北京失陷后，与王永吉、黎玉田、吴三桂、童逵行、方光琛一起商议决定引导清军入关，击败李自成。南明弘光政权建立，误传吴三桂和黎玉田借兵复明，加太子少保、兵部尚书。七月，与谢陛等人降清。

㊱ 祖大寿（1579—1656）：字复宇，辽东宁远（今辽宁兴城）人。崇祯元年，因战功升任前锋总兵官，驻守锦州，次年随袁崇焕入

关，保卫京师。袁崇焕下狱后，担心受到牵连，逃出关外。经袁崇焕亲自招抚返回。崇祯四年，参加大凌河之战，面对粮尽援绝，进而诈降。逃往锦州，继续对抗清军，拒绝投降。崇祯十四年，参加松锦大战，恶战之后随着洪承畴兵败投降，率部投降清军，授汉军正黄旗总兵，跟随清军入关。顺治十三年，病故于北京。

㊲ 刚林：瓜尔佳·刚林（？—1651），字公茂，隶满洲正黄旗。世居苏完部，初为笔帖式，翻译汉文。天聪八年（1634），考中举人。崇德元年（1636），授国史院大学士，与范文程、希福一起参议政事。顺治元年，进世职二等甲喇章京。顺治五年，以赞理机务忠勤懋着进封三等阿思哈尼哈番（男爵），赐号“巴克什”。顺治六年，任《清太宗实录》总裁。顺治八年，因阿附多尔衮，诬改《清太祖实录》，斩首籍没。

㊳ 艾大选：明末参将，授昭毅将军。陕西米脂县人。

㊴ 宋高宗：赵构（1107—1187），字德基，宋朝第十位皇帝，南宋开国皇帝，在位35年，大部分时间重用主和派。谥号圣神武文宪孝皇帝，庙号高宗。精于书法，著有《翰墨志》，传世墨迹有《草书洛神赋》等。

㊵ 李纲（1083—1140）：字伯纪，号梁溪先生，常州无锡人，祖籍福建邵武。宋徽宗政和二年（1112），李纲登进士第，累迁太常少卿、兵部侍郎、尚书右丞。一度起用为相，曾力图革新内政，仅七十七天即遭罢免。绍兴二年（1132），复起用为湖南宣抚使兼知潭州，旋即又遭免职。他多次上疏陈诉抗金大计，均未被采纳。病逝后，追赠少师；特赠陇西郡开国公，谥号“忠定”；为两宋之际抗金名臣。

㊶ 赵鼎（1085—1147）：字符镇，号得全居士。南宋解州闻喜东北（今属山西闻喜礼元镇阜底村）人。崇宁五年（1106）登进士第。累迁河南洛阳令、户部员外郎、御史中丞、签书枢密院事，出知建州、洪州。绍兴年间几度为相，因反对和议，为秦桧

所构陷，罢相。死后赐谥“忠简”，为昭勋阁二十四功臣之一。

㊷ 黄潜善（1078—1130）：字茂和，邵武（今福建邵武）人，南宋初年宰相，奸臣，官至左仆射兼门下侍郎。

㊸ 汪伯彦（1069—1141）：字廷俊，徽州祁门县（今安徽祁门县）人。南宋初年宰相、著名奸臣，奸相秦桧的老师，主和派重要人物。谥号“忠定”。

㊹ 汤思退（1117—1164）：字进之，号湘水。处州青田（今浙江丽水）人，南宋绍兴十五年进士。历高宗、孝宗两朝，官至签书枢密院事、尚书右仆射、尚书左仆射（即宰相，前后三任）。主张“金宋议和”，并奉旨割让疆土，极力排挤主战派张浚。为南宋最具争议的宰相。

㊺ 秦桧（1090—1155）：字会之，江宁（今江苏南京）人。南宋奸臣。

㊻ 武丁（？—前1192）：姓子，名昭，号武丁，又称殷武。商王小乙之子，商朝第二十二任君主。武丁在位期间进行了一系列战争，为商王朝广拓领土，奠定了华夏民族大体上的疆域。在治理内政方面，武丁从民间选拔贤才，兴利除弊，政治清明，百姓富庶，使商朝达到鼎盛，史称“武丁中兴”

㊼ 周宣：周宣王（？—前782），姬姓，名静，一作靖，周厉王之子，西周第十一代君主。周宣王继位后，政治上任用一帮贤臣辅佐朝政；军事上借助诸侯之力，使西周的国力得到短暂恢复，史称“宣王中兴”。

㊽ 汉光：汉光武帝刘秀（前5—57），字文叔。南阳蔡阳（今湖北枣阳西南）人，汉高祖刘邦九世孙。东汉王朝的开国皇帝，中国古代军事家、政治家。王莽末年，赤眉、绿林起义先后爆发。新地皇三年（22），刘秀起兵于舂陵（今湖北枣阳南），欲恢复刘姓统治。东汉建武元年（25）六月，正式称帝于鄗（今河北柏乡北），不久定都洛阳，史称东汉。刘秀即位后，首先致力于整

顿吏治，加强专制主义中央集权，又加强监察制度，提高刺举之吏的权限和地位。刘秀还采取不少措施来安定民生，恢复社会经济，开创了“光武中兴”的局面。

㊾ 唐肃：唐肃宗李亨（711—762），初名李嗣升，又名李浚、李玙、李绍，唐玄宗李隆基第三子，唐朝第八位皇帝。李亨初封为陕王，开元十五年（727），徙封忠王。开元二十六年被立为太子。安史之乱起，被玄宗任为天下兵马大元帅，领朔方、河东、平卢节度使，负责平叛。至德元载（756）七月十二日，李亨在灵武即位。尊玄宗为太上皇，他命郭子仪与李光弼等将领讨伐安史叛军，先后于至德二载九月和十月收复长安、洛阳两京。

㊿ 蒲轮：朝廷征聘贤才。出典《汉书》卷五十一：“武帝自为太子闻乘名，及即位，乘年老，乃以安车蒲轮征乘，道死。”

51 左梦庚（？—1654）：山东东昌府临清州（今山东临清）人，平贼将军左良玉之子。弘光元年，左梦庚在九江降清，编入汉军正黄旗，授予一等子爵。顺治十一年，左梦庚在北京病逝，谥号庄敏。

52 五官挈壶正：官名。唐始置。为司天台属官，掌知漏刻。自辽宋至明清，历代皆有五官挈壶正的设置，职掌候时、择日、择地等事，并有五官司晨和漏刻博士佐之。五官挈壶正，在辽属司天监，宋元属太史院，明清属钦天监。

53 缺二字应为“枝楼”。

54 钱谦益（1582—1664）：字受之，号牧斋，晚号蒙叟、东涧遗老、绛云老人。学者称虞山先生。明末清初诗坛的盟主之一。苏州府常熟县鹿苑奚浦（今江苏苏州张家港塘桥镇鹿苑奚浦）人。

55 铜崩钟应：比喻重大事件彼此相互影响。出自《周易要义》“铜山崩而洛钟应”。

56 阮大铖（1586—1646）：字集之，号圆海、石巢、百子山樵。南直隶安庆府桐城县（今安徽枞阳）人。万历四十四年中进士。明朝末年大臣，戏曲作家。所作传奇今存《春灯谜》《燕子笺》《双金榜》和《牟尼合》，合称“石巢四种”。

㊿7 刘良佐（？—1667）：字明辅，大同左卫（今大同）人。明末叛将。刘良佐初从李自成农民军，后降明，官至总兵，封广昌伯。清顺治二年，清军南下，率部十万降清，带兵俘虏弘光帝于芜湖，攻破江阴，大肆屠杀人民。顺治十八年，授江南江安提督，加总官衔，官至左都督。

㊿8 诚意伯刘孔昭：明代开国功臣刘基后人。《明史》载“崇祯时，出督南京操江，福王之立，与马士英、阮大铖比，后航海不知所终。”

㊿9 马士英（约1591—1646）：字瑶草，贵州贵阳人，明末大臣，官至内阁首辅。明万历己未进士，授南京户部主事，后历官严州、河南、大同知府、庐凤总督等职。甲申变后，马士英与南京兵部尚书史可法、南京户部尚书高弘图等拥立福王朱由崧为帝，是为弘光帝。因“拥兵迎福王于江上”有功，升任东阁大学士兼兵部尚书，都察院右副都御史，成为南明明弘光政权首辅，人称“马阁老”。后抵抗清兵入侵，殉国而死。

㊿ 字方最：当作“字绳如”。《明史》卷二百七十五吴嘉胤小传载：“嘉允，字绳如，松江华亭人，由乡举历官户部主事，奉使出都，闻变，还谒方孝孺祠，投缳死。”

(61) 木末亭方正学祠：在今南京市雨花台烈士陵园内、东岗之巅。“木末”二字，出自屈原的《九歌·湘君》“采薜荔兮水中，搴芙蓉兮木末”句，以此名亭，谓亭秀出林木也。亭侧有方正学祠墓。

(62) 项煜（1598—1645）：字仲昭，号水心。吴县人。祖籍安徽歙县。天启四年，乡试中解元。次年会试中进士，授翰林院庶吉士。明亡时，降于李自成。后南逃，死于慈溪的太平桥下。

(63) 张秉贞（1607—1655）：字元之，号坤安。江南桐城（今安徽桐城）人。崇祯四年中辛未科二甲第五名进士，授户部郎中，迁饷司。出任蕲黄江防道，历官顺广道，浙江巡抚。入清后，顺治二年补礼部仪制司郎中，升通政参议，转任兵部左侍郎，授刑部尚书，任内治狱公正。后升兵部尚书（从一品）。卒于官，谥僖和。著有《石谷问答》《石林漫语》。

㉞ 潞王：朱常淓（1608—1646），字敬一。潞简王朱翊镠第三子，母杨次妃。万历四十六年闰四月袭封潞王。甲申之变后，先逃到无锡、南京再到杭州。弘光帝朱由崧被清兵所俘后，自称监国，后投降清军，斩于燕京。

㉟ 路振飞（1590—1655）：字见白，号皓月，广平曲周（今河北曲周）人，明末著名的抗清人士。崇祯帝殉国后，路振飞曾致书南京兵部尚书史可法，谓“伦序当在福王，宜早定社稷主”。弘光帝被俘后，唐王朱聿键（即南明隆武帝）自立于福州，先后封路振飞为左都御史、太子太保、文渊阁大学士兼吏部尚书等职。官爵累至左柱国、光禄大夫、太子太师、吏部尚书兼兵部尚书、武英殿大学士。后卒于粤中，谥文贞。

㊱ 魏忠贤（1568—1627）：字完吾，北直隶肃宁（今河北沧州肃宁）人，明朝末期宦官。明熹宗时期，出任司礼秉笔太监，极受宠信，被称为“九千九百岁”，排除异己，专断国政。朱由检继位后，打击惩治阉党，治魏忠贤十大罪，命逮捕法办，魏忠贤自缢而亡。

㊲ 鲁王：朱以海（1618—1662），字巨川，号恒山，别号常石子，兖州府滋阳县（今山东济宁）人。崇祯十七年，袭鲁王封爵。次年，清军陷南京，张国维、钱肃乐、李长祥等起兵浙东，拥朱以海在绍兴监国。与在福建称帝的唐王政权相倾轧。隆武二年，清兵攻取浙东，流亡海上，走石浦，依附张名振，后至舟山。永历七年，取消监国名义。永历十六年，病故于金门。

㊳ 唐王：朱聿键（1602—1646），小字长寿，南阳府南阳县（今

河南南阳）人，南明第二位皇帝。弘光元年，弘光帝被清军俘获处死，郑芝龙、黄道周等人扶朱聿键于福州登基称帝，改元隆武，后世称为隆武帝，也称唐王。隆武二年，清军入福建，隆武帝在汀州被掳，绝食而亡。

【史志资料】

秦淮文献：三十年来之岁时伏腊（《评话金陵》节选）

〔民国〕于纬文 撰　　陆晖 程瑶 整理

整理说明

南京《新中华报》(前身为《明德白话报》)创办于1913年5月，报社设在南京门西钓鱼台侍其巷（今钓鱼台一二三巷）四号（后改为侍其巷十号），创办人和主编为著名报人、作家于纬文，是20世纪30年代南京地区资格最老、发行时间最长的民营报纸。1937年侵华日军占领南京前夕，《新中华报》被迫停刊。

1935年11月1日起，《新中华报》在副刊《新亭》板块上开辟专栏，连载长篇方志类作品《评话金陵》。作者署名“纬文”，正是《新中华报》的创办人、主编于纬文本人（于纬文事迹详见《门西小巷里的民国报人》一文）。《评话金陵》开篇写道：“是编者叙沿革之变迁，次叙流风之韵事，终为人之品题，下及游历之指南，岁时之纪事，一鳞一爪，凡在搜罗，莫不毕载”。

《评话金陵》前后连载了一年多，内容涉及历史沿革、名胜古迹、风土人情、物产饮食、交通币制、法团公所等。1936年12月18日，《评话金陵》推出最后一篇——第十七章《舞榭歌台》第三节《民国来之剧场回忆》，此后便不再更新。次年1月，随着《新中华报》版面改版，《新亭》副刊被取消，《评话金陵》也就无疾而终了。

记述旧时南京年节风俗的著作，以潘宗鼎（亶灵）《金陵岁时记》和夏仁虎《岁华忆语》最为著名，其他地方文献如《金陵杂志》《新京备乘》等虽也有所涉及，但内容略简。《三十年来之岁时伏腊》是《评话金陵》现存内容中相对完整的一个章节，发表时间在1935年至1936年间，故所谓“三十年来之岁时伏腊”，写的就是20世纪初至30年代之间的南京岁时风俗，从正月初一始，一直写到除夕，还包括当时婚丧嫁娶、人情往来等礼仪习俗，许多内容在《金陵岁时记》《岁华忆语》等亦未见记载，足可作为此两部著作的补充，是研究南京传统民俗文化的难得资料。

为此，我们整理了《三十年来之岁时伏腊》全文，供同道参考。整理时纠正个别明显错、漏字，部分标点亦按现代标点习惯略作修改。旧文人用辞生僻，老报纸印刷模糊，整理者才识有限，难免错讹之处，敬请方家指正。

三十年来之岁时伏腊

南京自昔为帝王都邑，民物丰阜，气象大方，其高旷处犹有晋人风度。前人所谓：金陵卖菜佣，犹带六朝烟水气，诚非谬语也。特秀而不实，好奢侈，重烦文，士大夫以鲜衣美食相征逐，于气节雄武之风，则不及燕赵中土多矣。其山秀而雄，其水清而□（注：此处缺一字，下同），其人美且文。近代欧风东渐，文化日新，即风土人情，亦迥非昔态，兹略述三十年来之金陵岁时风俗。

拜年

每岁新正元旦日（以下皆指旧历言），士大夫家，则乘舆骑马，冠大帽，服袍褂；有爵秩者，翎顶朝珠，各如品制；无爵者，以士论，金顶吉服，仆从夹毡包护书随其后，备喜封，包答贺，沿街飞跑，各至其上司亲友处，拜揖致贺。商贾工贩，则或手提糖包，或以□包金顶大帽执于手，元色马褂、长衫棉袍，无不新出于箱，途遇亲知，互相一揖，必称“恭喜恭喜，新年如意”，或曰“彼此不套”，或曰“就此两免”。最下者，亦必小帽蓝衫，周旋一二日，相率拜年。有略此，是大不敬，且遭其长亲之斥责焉。人家于新年日，为伺应其亲知拜年计，必预制果盒、糖茶、欢喜团、各色点心，来者次第取供，其仆从则互以喜封相惠答，有简略不备者，亦大不敬。如是营营。大率自初一以至初五、六，过此者则称晚年云。

喜封　贺帖

金陵人家每于新年，作喜封，名恭喜包，内实制钱数枚，多者七八枚，少者五六枚，裹以红纸，用给仆从，每赐必双。其家有嫁娶庆寿者，亦需此包。今人奢富，视箋箋者几无一顾，遂并其制亦废矣。拜年遇新友多者，或大家世族，则具贺帖，大红笺上印以姓名，差仆从望门投递，又作四六文数联，印于红笺八行上，向上司投递，并邮致远道亲故。

灯节

俗以正月八日、十三日、十五日为灯节，又十八日为落灯，初八为上灯。人家有女出嫁者，于灯节必购灯二盏（旧以纱制，今用琉璃制成榴开见子、麒麟送子等式），配以元宵食品相遗送，取其吉也。相传洪杨以前，每岁正月初八日，凡庵庙皆上灯，尤以天青街之白衣庵最盛，今则无矣。人家俗有“上灯元宵落灯面”之说，故坊市于元旦后，满街俱卖元宵。夫子庙、评事街，为金陵灯市处。元旦午后，售灯人各挟其所制纸灯，人物禽兽，各极其妙，五颜六色，备极灿烂，至十五日始告下市。人家儿童，莫不竞购一二事，以为玩具之必需品云。沿及于今，此风犹存，惟制法精巧，远过前人。

龙灯

洪杨以前，无复闻者，今自洪杨乱后始。初兴自上新河徽班木客，每年四月初出灯赛会。光绪初年，湘军营每岁醵资出灯，大概自正月十五日起，迄二月二日止。其制以布糊作龙形，多者至二十余节，间以各种鱼鸟杂兽人物草虫，形形色色，各极其肖。龙头为木架配以琉璃，重至十余斤，前一人执珠，其耍龙头与龙尾及珠者为最难。又有高跷、杂戏、彩凉船等，锣鼓喧天，极称热闹。最盛时五营各备一龙，连缀一起，几及全街。其头前灯彩，为“春王正月、天子万年”八个大字，每字以白绢扎成，中空爇烛，大及盈丈。过衙署世家，必向其请烛，或开门接烛，预制银牌、彩帛，以备犒奖。延及清末，官民交困，出灯之举，遂成绝调。继之者有湖北帮冶铜锡者，仅具一龙，以资号召，实则以高跷竞赛，最高者及屋檐，扮演故事，殊为奇观，终以好事者每多滋扰，乃悬为禁例（旧有高跷会，殆若此云）。

接财神

俗以正月初五为财神生日，家家于四日夜间即具香烛糕茶，虔诚拜祷，名为接财神。富商巨绅，有备猪头三牲、鞭炮炭盆，祀神之礼，犹为丰盛。

春灯

即灯谜也。凡世家文士，于正月初八日，每制纱灯数盏，悬诸门外，或预借僧寺中，灯上粘灯谜若干条，皆其构思所得者，灯之前方，用红字书“春灯候教”字样，凡有猜得谜底者，出谜人酬以笔墨书笺。一时家喻户晓，文人才士奔走如狂。最称豪举者，有瑞复侯方伯，于廉访金陵时，每岁正月必于其署内福德祠中，大出灯谜，奖品珍奇，至有金银古玩，误猜者罚酒一瓯，极风雅之能事。灯谜佳制，勾心斗角，记其二则，以志流风：瑞制“梁山舟”，打童读一句，卷帘格，谜底为“八百载”。又，玉盘一具，中置银制小人，打唐诗一句为谜底，后为一士人，默然独进，执小人就盘中一转，挟之而去，始知谜底为“银汉无声转玉盘”云。

接厕姑

正月十五，人家少妇幼女，辄反箕插草花，以绳缚箸为乩头，爇香烛，将入厕所拜祷，名为接茅厕姑姑，亦确有神降，置沙上，两女左右立，以指承箕，箸乃自动，用卜农家休咎、人事吉凶，亦颇灵验，殆犹是紫姑卜之遗风欤。

走城头

俗于正月十六日，妇女愚夫，相率环游城头，名为走百病，尤以妓女为盛。大都自中华门上，东至通济门，西至石城门。间有挟锣鼓，扮鲍老者，循行人群中，以为笑乐。小贩焙蜀黍，粘饴糖于枯枝上，作花枝状，以售游人，利市十倍。顾此风不普行于士夫家耳。

鞭街

岁首人民相聚欢乐，爆竹与锣鼓声，不绝于耳。其少年游侠，每结伴携锣鼓，游行街市中，名为鞭街。其锣鼓务极其鲜泽，配以绣围彩穗，牌子务极其熟，好事者竞随其后，以为笑乐，或彼此相遇，则双方对峙，竞以牌子相角胜。有误者，或击不中节者，则锣鼓即为其对方所强掠，往往以此寻隙互殴，颇滋事故。警察成立，此风稍戢矣。

赌博

国家无事，人民各安其业，终岁勤劳，每届一岁之初例须休假若干日，亦所以调节精神也。旧俗凡自正月一日始，除小贩赶节生意外，农工商贾，上及士大夫人家，无不休业为欢，街市商店，亦俱歇年不做生意，故有“过了正月半，大家寻事干”之谚。

于是相为赌博，以资消遣，亦有抽头聚赌，假此营生者。其赌具有骰子、骨牌、纸牌，其名色有摇摊、牌九、十湖、麻将等，不可数计。夫子庙一带，又有敲诗（俗称押五者）、掷骰、赶羊等类，大者亦有数十百千为孤注者。今则遍于四季，赌风日炽矣。

龙抬头

二月二日，俗为龙抬头，人家已嫁之女，例于是日归宁焉。有“二月二，家家接女儿”。又，土地会，亦在是日，赛神会饮，亦颇热闹。

插柳

清明日，人家必采嫩柳条若干，遍插门楣，妇女有簪于鬓者，是犹有古风也。唐人诗：“家家插柳纪年华”。

放风筝

二月下浣，清明节前，为放风筝时节（即纸鸢也）。例于正月十五后，衔接灯市，即售风筝，相生百物，惟妙惟肖。其最小者曰“胡子老”，小长方形，白纸贴细篾上，印人物故事而已，价亦极贱，初不过制钱二文，儿童辈莫不岁销其三五也；其大者为龙虎七星、金鱼八角；细致者为飞燕，为蝴蝶，价值固昂，放亦不易。清明日各携赴雨花台，竞逐天空，好事者复于其上加葫芦、响鞭，受风而鸣，如吹海角，诚奇观也。今则创为竞赛，此风乃益胜云。

赶社

俗以清明日扫墓，古礼也，然有新亡者，则务于社期祭扫之，谓为赶社。其说谓新鬼隶于社公，社日即社公生日，亦犹人间献媚求官，冀其庇佑云尔。其说荒唐，不值一笑，只以相习成风，积重难返，虽至今犹不能革除之也。

出会

金陵古吴地，其俗尚鬼神、重果报，由来旧矣。流风所及，故佛寺神庙，亦多不胜纪。唐人诗曰“南朝四百八十寺，多在楼台烟雨中”（注：原文如此），此犹指释教而言，其他血食之神，尚不在内，间亦有仙道灵显，为人崇奉者，如三茅祖师、祠山大帝、罗祖之类，每岁各于神诞日赛神集会，祈祷求福者络绎不绝也。就近代三十年间所谓出会赛神之俗，可约而分述之也。

（一）茅山会

亦名小会，多盛于四乡，其仪式以檀木制成小龛如殿阁，中安道装偶像三具，象茅祖兄弟三人，殿脚前置两杠，长不及二尺，端作小龙头，雕镂精致，动费数百金。出会时，以一人肩之行于后，前列卤簿仪仗，锣鼓笙笛，旗帜鲜明。最前置大旆，上画七星，巨竹长数丈，中贯以铅为旆杆，大力者负以开道。二月一日五鼓，各乡竞赛，远者朝句容，名大茅山，近者赴钟山，名小茅山，络绎相接，炫耀争奇。

（二）城隍会

每岁以清明、七月十五、十月初一出会，名为祭坛，仪仗飞扬，卤簿前导，庙有行宫，安置木偶，会期出巡，即以黄轿舁此偶像，轿前有乔装鬼役者名曰探子，衣白者名白探，衣青者黑探，亦有愚夫妇因疾病发愿求赦，特制红衣木杻，于出会时或步从，或舆随，名曰罪人。

（三）东岳会善司会

为金陵神会之最大、最盛者，期以每岁三月杪至四月初二三天，为东岳会，期以四月十八至二十日为善司会（一名都天会），其仪式等于城隍会，而富丽奇巧，则不可陪计。缘上两会，各大商俱有功德，名立会名，遇会期则纷集其庙，结队而出，以次顺行。其会名有“天保九如”，为布政使署所隶之财帛司会，神即财帛神也，其庄严仪仗、神亭乐器、明轿旗伞皆系司道署中官吏醵资所制造，每会期有规例人各捐钱若干，间以台阁、花担、玉器担、秋千、杂剧，至为热闹，以势以财，推为首会。次有天福老会、天佑老会、长生老会、天祥老会等名色，为绸业、缎业、米业、营造业、木业，或独立，或合组，会中仪仗，虽繁简不同，大体则无甚差别。俱有一神舆，或龙舟，或凤辇，有所谓速报司者，有所谓娘娘者，有炉亭，有灵官亭，其行居最先，又必有空舆者，为换班舁主神之用。往往会与会间，以先后舁神相争斗者。

会中最动人者为跕肩，为肉香。跕肩者为四五岁童男女，装饰如戏中人物，植立人肩上，其妙者竟有翘一足作武松，而肩者力奔争桥抢辕门，以相赌胜焉。每一童上会，其家费资至数十百元不等，雇者卫者数十人，用以夸耀云尔。肉香多健夫能亡命者为之，法以细铜丝为小勾，密穿于臂上，下悬大炉，中爇檀降，重至数十斤，檀木为横杠，硃漆龙头，长约二尺余，用以伸臂。次则为探子，为小介，为会亲，百工小贩，杂行其间，所经街道，门设香案，男女填塞，万人空巷，有“一年一个会场，三年一个科场”之谚语，其盛况可想。

（四）大王会

水西门外，有大王庙，神名金龙四大王，原为河渎之神，三十年前上新河木帮与营造业曾醵出会，未久即废，父老犹传其胜，惜予生晚，未之见焉。

他若关帝会为五月十三日，雷神会为六月二十一日，观音会为六月十九日，地藏会为七月三十日，类为唪经、集会、焚香拜祷、设茶篷、烧拜香而已，非行会也。

吃乌饭

岁四月初八，为释迦文佛证果之日，是为浴佛节。金陵各僧寺，例于是日以乌臼树叶炊饭成黑色，名曰乌饭，用以馈赠施主，谓之散福，食者名为免灾。其制由来甚久，命义所在，言人人殊，或有以为大目揵莲所兴作，以其生母孽重，永堕泥犁，入饿鬼道，用白米施食，辄为他鬼所攫，故造为黑色，俾愚他魂，而度母云。是说确否不敢臆断，然每逢立夏后，沿街叫卖乌饭之声，不绝于耳。大家且有于初八自作乌饭，以馈亲友者，别饶香味，不难一饱也。

端午节

五月五日，原为天中节，俗乃呼端午节，金陵人士，又呼作小节。家家悬钟馗像，供蒲艾，门床户上，贴五色符、天师像，吃雄黄酒、黄鱼角黍，无贫富必不免也。缘俗以此日毒日，犹以午刻为甚，一切饰物食品，悉以五毒为名，如五毒花、五毒菜、五毒香。五毒者，蛇、蝎、蜘蛛、蜈蚣、虾蟆也。盖俗传有许仙白蛇事，见《义妖传》，白蛇已幻为美妇人，于此日饮雄黄酒而显真形，故作诸毒以厌胜耳。士农工商，例须放假，商店往来，用资结束，至午后即闭户休业，如新年，夫子庙、茶楼、酒肆、戏馆、秦淮，无不笙歌嘹亮，利市百倍。

龙舟竞渡

三十年此风最胜，秦淮一带，游屐如云，刻舟为龙形，环以□旗，鹢首一人饰天师跨虎状，手执宝剑，顾盼自雄，中道鼓乐，两旁排列多人，人持一桨，划动如飞。船尾高竖一竿，下垂彩缕，一健儿坐绳端浮水上，作种种翻扑戏，名为掉稍。岸上游人，或河房仕女，悬爆竹以候舟至，燃放接龙，即旋转河中，间有以银饼投水中，掉稍儿即泅没河中拾取，高举称谢，技之神者，能没水中擒生物。舟与舟相触时，或遇桥梁，则争先竞渡。其俗源自湘江，遍及各地，所谓竞渡端阳，吊屈原之溺水，故古风也，特踵事增华，距古意远甚。光绪二十八年端午，文德桥因游人观赛龙舟拥挤过甚，桥栏中折，溺人无算，于是秦淮龙舟，遂成绝响。

游满船

秦淮河上，花舫如林，所以供人游荡也。平民终岁勤劳，尤以机户为最，所入又极微，独擢则力所不能，乃有所谓运货小船，上无篷窗，每岁五月五日，由水西门外开入内河，若辈即各出制钱二三十文不等，竞乘比船。榜人集少成多，必至满载而后启行，自新桥为止，上下一周，即卸客再待，名为满船。无赖辈尚有望洋兴叹者，据桥下石，动至争殴，官司累禁不能止焉。警察成立，风气日靡，此风乃不革而自息焉。

盂兰会

七月十五，古中元节也，俗名鬼节，六街三市，竞作道场，募化功德，超度孤魂，名盂兰会，古礼也，唐时兴盂兰盆会，作百戏，流传于今，此风更烈。其最称繁盛者，厥为三山街、大功坊、黑廊街等处，各家门前，悬灯挂彩，高搭法台，或延僧道，或奏管弦，或数莲花，或作偶戏，奇技淫巧，万人空巷，无赖者每厕身其间，作诸淫亵，颇伤风化焉。

烧法船

寺僧每于中元节，集善男信女，纸糊大船，中实银锞，上安大士接引诸纸像，名为法船，焚诵焚化，喻普渡之意。

放河灯

水陆超度，同时举行，金陵人士，几视为莫大功德。优婆夷、优婆塞，与众比丘，买舟放秦淮，香烟缭绕，法乐喧天，信女和之，极为热闹。晚间以红绿纸作莲花形，内置硫磺、松香、烛油，爇火通明，放入河中，随波上下，点点光明，名荷花灯云。

秤人

夏至节，俗有秤人之举，谓星霜一度，体量重轻，必须加以权度，使人自知，庶不病夏。

附马皮

血食之神，每岁于出会之先，必有一人，发愿起草，自作马皮者。法于会期前夕，斋戒沐浴，焚黄纸宰牲沥血，饮酒书符，沉睡二小时，即跃然以起，神智渐昏，披发赤膊，着红单裤，白足奔神前，俯伏再拜已，起掣神剑，瞪目直视，或跃登炉鼎，香火蓬勃，亦不觉肤之灼也，随横剑搠下体，亦不知痛。万人膜拜，共祝神灵，寺僧来谒，谕以挡驾，是亦神道设教云尔。犹记卢维雝宰江宁时，仅一马皮来谒，卢顿命坐堂，重责数十，而逐出之，其人神识亦顿清醒。

斗促织

促织一名蟋蟀。宋贾似道在西湖葛岭作半闲堂，集天下人来斗蟋蟀，金陵此风亦甚。每值立秋以后，少年好事者，笼烛持罩，手竹筒、鼠须，终夜走郊野，倾耳蹑足，寻声捕捉。归来盛以瓷钵，饲以枣栗，饮以清泉。待至霜降后，即有秋虫开斗之处，张贴通衢。斗者笼蟋蟀以赴之，权衡轻重，放入斗盒，撩以鼠须，博以花彩，每百文钱为一枝花，以数递加，多至十千一决者。

中秋斗香

八月十五日，为中秋节，又谓之团圆节。夕阳西下，红烛高烧，中供斗香，敷陈瓜果月饼，以供月求福，庆团圆也。

摸秋

旧俗于中秋节，妇女辈私出郊野，于菜畦花圃间，作摸秋戏，暗中摸索，以得瓜果为祥，与七夕夜举针乞巧同一意义。今也则亡。

走桥

亦中秋夜行之，多妇女之求子者为耳。俗于是夜结伴走文德桥、利涉桥，携瓦罐背人掷石上，拍匕之声，相续不绝。虽迷信，亦谬俗也。

登高

重九登高，始于东晋桓景避灾，故金陵之旧俗也，相沿至今，此风犹昔。每岁九月九日，男女相率赴野外，登雨花台，间有携酒者，宴宾客赋诗作乐者。

迎霜降

霜降晨，旧制军营，视为大典。军中振旅出都，鼓角声喧，□旗耀日，拥彩亭舁金喜字，迎于南郊，归至小营，总督以下莅焉，戎服受礼，谓之霜降，盖懔乎金天肃杀之义，犹古之猕狩、今之大阅者云。

月当头

十一月十五，月行天中，立竿无影，古称月当头。俗于是夜子正，群立于文德桥，俯观河面，桥影中横，月成两半，名半边月，他桥则否。文人雅士，每于此宴，以赏月明。

消寒会

岁逢寒九，自冬至日始，好事者辄集友九人，每值九初，则共饮一次，名为九九消寒会，士人为多云。又，春日有为蝴蝶会者，俗为每预者，各挟酒一壶，嘉肴两簋，共集而食，取其形如蝴蝶故名。

打春

谚云“腊鼓鸣，春草生”，村人系细腰鼓、小饧锣，沿门唱村曲乡谣，背负印文一纸，颁自阴阳学。俗说南乡冯家边人，惯说吉利语，即此风也。按明时教坊司，每于岁首五日内，或四人或五六人，往富贵人家奏乐一套，谓之送春。今之打春，即始于此。

迎春

迎春古礼也，月令孟春之月，迎春于东郊，旧在通济门外鬼神坛，后移于神木庵。立春之日，自郡守以下，五鼓具仪卫，朝服乘显舆（空两杠，中缚圈椅，上蒙虎皮，左右侍从，二人至八人视品秩为等差，以手扶杠而行），鸣锣开道，往东郊迎春牛芒神而归，同舁至府署止焉。芒神俗称拗码，用象值年太岁神也，与牛同为土偶，大视常人畜为弱，有常制，其服色牛身，以太岁与立春日干支生克为变迁。神执牛鞭，或丝或麻，以柳枝为干，制长二尺四寸，象二十四气，五采相间，一名为五花棒。农家每以牛者及芒神服色丝鞭，卜今年五谷之宜，与气雨寒燠之兆，亦用占人畜死亡寿夭之多少，往往有验。

附解：芒神身高三尺六寸，象周岁三百六十日。其服饰以相拗为断，例如：壬癸年五行为水，涉水应洗其足，而神则着履袜以相拗也；丙丁为火，火主旱，行者应履，而神则拗而洗其足焉。其余周身服色、系腰丝带，无不仿此，例如：冠则主燠，寒则去冠，红为水厄，而民多死亡。老人以象四孟，少年为四季，童年为四仲，阳岁立于牛右，阴岁立于牛左。

迎春以毕，各官更衣，则复出以彩□打春牛成粉碎，则不知何所取义。讹传春牛取隋炀帝为譬喻，碎之为罚其昏暴苦民耳。午后，府役预制小牛花□，剪金纸为春字，分送各绅宦，以索酒钱，谓之送春。次晨自督臣将军以下，文武现任齐集万寿宫拜牌毕，属宦即相率赴其长官叩拜，谓之拜春云。

送灶

十二月二十三，为祀灶神之日，俗云送灶神上天，奏闻其一家今岁之善恶，故其灶庙联有“上天奏好事，下界保平安”。灶神本古士大夫家五祀之一，金陵风气，其别于他处者，则有君三民四，龟五鳖六之谣，分日以祀，爆竹喧天，视为至典。送毕即取其灶君牌偶，移置中堂，以示神灵朝天，离去本职之意。至除夕亥时，复备香楮祀祷，安返故位，谓为接灶。

祭祖

论语云：“慎终追远，民德归厚”。祭扫之风，犹是追远之意，盖为人后者，不敢忘其所自出也。金陵风俗，每岁祭祖，以清明、七月半、十月朝、冬至、除夕为必要期。而扫墓（名上坟）则限于清明前后，至期备蔬馔三品、饭一团，同实春屉中，系酒一壶，另备生肉一方，名曰刀头，用祀山神，纸锞外有香烛、漂钱（以红白剪成钱形长条，三绺为一串）。祭毕，由坟地主人（俗称坟亲家）以细柳条缚漂钱插坟上，覆以土块，酒肉祭菜，悉归主人，惟饭则必携归，另酬以角洋二枚，名为坟包。富家间有备祭席，乘肩舆，携子弟以扫墓者，其坟地主人，往往为之作酒饭供应，而贪得多酬云。至于岁时祭祖，肴馔必成单数，最少者三品，七月半必制茄饼，冬至必煮豆腐，则犹有荐新之遗意焉。

悬影

每届岁终，人家于中堂外，另洁一室悬其先代遗像，供以饦饠、果品、年糕，名为悬影。至于次年正月十八日始除之，又谓为落影云。

辞年封岁

除夕之夜，先祀祖先，以焦饭置神前，煮糯米饭，谓之年饭，爇香烛，名为辞岁，然后合家团聚饮宴，名封岁酒，一名团圆饭，作吉祥语，所以庆一年之顺利平安也。其有长亲者，必须叩拜，谓之辞岁，中堂供天竹、腊梅、水仙等品。是夜例不许睡觉，以示守岁。

压岁钱

长老父母，于除夕之夜，必以红纸包银钱若干，分赐卑幼，用以压岁，名压岁钱。

春联

一岁更新，桃符换旧，犹古意也。明初乃易为门联，是为春联之始，其佳者有“国恩家庆，人寿年丰”“一元复始，万象更新”，五六字联，多不胜述。每于除夕前购大红笺，书擘窠字，贴于门上，亦有用印版彩画门神者，上贴红钱，飘扬有致，千门万户，春意盎然。

馈遗筵宴

礼尚往来，酒食征逐，所以通人情，明礼节也。此风犹来古矣，当不止于金陵为然。土俗所宜，则各有不同，附记岁时之后，或亦采风者所乐闻也。

（一）通常送盒

即亲串相馈遗之意。旧俗以一菜一点为最简，所谓鸡鸭券一张，高包一事谓之一盒。二十年前，人事俭朴，通常馈遗，多向鸡鸭铺中，以制钱二百文，购鸭券一张，制用木版刻凭票取烧鸭（或油鸡）一只字样，上列店招地址，下注某年某月某日揭，印于红笺上，背面临时填写钱数，要仅及全数三分之一。高包则向茶食铺中购取，初只制钱七十文，稍进为百文。纸包长方而突高，表现固庞然也，内实或小包酥糖六包，或圆形蛋糕六七块，空其中以壮观耳。盖礼在有无，不计轻重。其或所赠人家，庭有长亲，又必附以白糖一包，其量以半斤（或十二两）为准则。今则世风日侈，物价日高，鸡鸭券、高包之俗渐归淘汰，即有沿用此类，亦不复如前之廉，倍之而勿止也。礼之重者，有四盒者、八盒者，其物亦必配以水菜食物。各送官礼者是，其有情义隆重，不欲以通常盒礼相遗者，即制肴馔，购蒸食，其价倍徙，其情亦厚云。

（二）嫁娶相遗

金陵风俗，馈遗一项，随时定制，有拘拘不可移易者，如嫁娶，如年节，名称不同，物品有制，绝不相犯，而亦显然可知。在冰人纳采之先，谓之下定，男女两方，对于冰人，须送盒子，名起媒盒。婚嫁以后，又须送盒子，名曰谢媒，制如上述通常之鸭券点券，富人有馈衣料者，为特殊云。凡嫁女者，其亲串于出阁之前，必馈以糯米饭，烧肉圆子，名代口饭。男宅则为煖房盒，馈必有菜，而不用饭焉。及成婚以后，亦必送煖房盒，其物品之不可少者，烧白鲢及肉圆子，所谓莲子鱼肉圆，取其吉也。女之亲串在开始馈遗，名为看盒，送者为表示认亲从此走动，否则即不通庆吊云。

（三）年节馈礼

三时六节，亲友间必须以时品相馈赠，尤以送女为甚。凡女已出嫁，堂有翁姑，其母家之馈礼最繁，而翁姑之责难亦最琐碎，例如灯节送元宵，已详前灯节中。

他如接女归宁，亦须送盒，名为接盒。洋糖、蜜枣，每送必需，所以尊其长也，养其亲也。年节馈鲥鱼、粽子、枇杷、咸鸭蛋；夏至送菜豆、西瓜，名为送夏；中秋送团圆月饼、鲜藕、石榴、烧鸭等物；重阳送重阳旗、螃蟹；冬至送炭火盆；年关送守岁烛、年糕、咸肉、柿饼、橘子等类。有孕将产，则须预制儿衣褓褓，配以食品，名为催生盒；既产以后，又有月子盒，以鲫鱼、腰子、挂面、砂糖，为必要品焉。亲串间亦然，儿童生日，自三朝以迄十岁，馈遗者非肉即鸭子，配以糕面，亦有送钱者，名为桃仪。

（四）一切庆吊

庆寿治丧，戚友相馈，三十年前，馈寿仪者，至多不过一元复始，而普通则仅小洋四角。其奠仪亦然，否则烛券之类等于鸡鸭，不过有浙烛、湘烛之分，代价则随其烛价而定，不虚言钱数也。今则踵事增华，一馈之仪，多至十金，一物之赠（绸幛银盾），动至十数元，其送人蜡烛面桃，香资八色者，即相率指为简矣。

（五）筵宴犒劳

金陵风俗，宴客筵宾，有必不可少者，谓之例席，非以言征逐酒食也。士大夫家，与大商店中，每岁正月十五以前，必制筵宴亲友，饷同事，谓为吃春酒；初五财神日，工商业必备酒菜宴同人，名为财神酒，其同人之进退者，即于是夕定去留；重阳之夕，必购蟹以犒同人，尤以工业中人为必可不少，非如此则不作夜工云；士大夫有延师教读者，有九辞十勾之说，若以九月请师筵宴者，则来年必不可留，留则必易以十月中宴师传焉。

【那年那月】

编者按：《秦淮夜谈》的初始宗旨是立足秦淮，发掘历史，服务现在。从1986年创辑第一期起，至今已出满三十期。“三十八年过去，弹指一挥间。”其间，辛苦寻觅、坚持不懈，以千余篇文章，数百万字的丰硕成果，享誉于世。为了不忘当年创办筹措的艰辛，兹选录肖振才、徐廷华、杨献文三位作者的回忆文章，特辟“那年那月”栏目，记其发生发展之胜概，以飨读者。

杨献文：矢志不移秦淮情

肖振才

每月8日，是秦淮人文学会会员聚会、议事交流的日子。

这年秋天的一个下午，我放下手头的琐事，匆匆赶到集庆门秦淮区地方志办公室参加《秦淮夜谈》组稿讨论会。“你又迟到了！”有人打趣地说。

“没办法，住得远，转了几趟车。”我一边解释着，一边找个旁座坐了下来。好在大家也习以为常，并不计较。

坐我身边杨献文，热情地为我斟上热水。突然间，我想起自己参加人文秦淮学会活动已有十多个年头了，而加入学会正是他的热情相邀。

献文兄长我两岁，是我在南京市委党校83届理论班学习时的同学。在校时，我们交往不多，自他入职方志工作后，交往才开始频繁起来。他是六合人，从小就热爱文史和书法，并得到书法大家的指点，早年曾在小学任校长，改革开放后调入秦淮区教育局工作。20世纪90年代后期，我在南京市委党史办工作时，他已从教育系统调至秦淮区政府从事地方志工作，因为南京市地方志办公室与我们同处一层楼，而同学中只有他和我从事史志工作，不免经常在一起交流体会，商量有关工作，逐渐成为至交。

他中等身材，微胖，戴着一副无框眼镜，说起话来字斟句酌，不紧不慢，似乎天生就是编史修志的人才。每次交谈，只要提起夫子庙、贡院街、秦淮河、乌衣巷的往事，他都如数家珍似的滔滔不绝，一种溢于言表的自豪之情，自然地洋溢在他的眉梢。记得他第一次到我的办公室，见到我编发的《南京党史》中有一篇关于秦淮地方史的文章，忙说：送我两本看看，作为借鉴和参考。据他介绍，他们正在征集筹划新一期《秦淮夜谈》，他一边向我约稿，一边请我推荐有这方面兴趣爱好的作者，并说如果有涉及秦淮地方文化、逸闻掌故，或者我们不采用的有关民间传说、风土人情等稿件都可以转发给他们。

那时，他们正在紧张地从事《秦淮区志》的编写，这是当年秦淮区政府的一项重点工作。志书记述了南京市秦淮区地域范围的自战国初期越国筑“越城”起至 1999 年为止 2400 年间的历史遗存、人文景观、传统文化与现代城市建设等内容。为编好这部作品，作为总纂稿的他到任后，带领全体编采人员为查核原始材料，不辞辛苦追根溯源，呕心磨砺，沥血笔耕，求教于省、市学术界和方志界的专家学者，终于编纂完成并由方志出版社 2003 年 11 月出版。这部通贯古今的大型资料文献，洋洋 188 万字，全面系统地记载了秦淮区自然、社会、政治、经济和文化诸方面的历史与现状，不但如实地记录了秦淮区域昔日的辉煌，而且更为详细地反映了当代所取得的重大发展，是秦淮区第一部覆盖区境的志书，第一部社会主义新方志，也是杨献文的呕心之作。出版后，得到方志界大家伍贻业、仓修良的高度评价，并获得江苏省第四次地方志系统优秀成果一等奖。

《秦淮区志》完成后，在地方文史的研究和编纂上，他一发不可收，又先后主编或主持出版了《明南京城墙砖图释》《十里秦淮志》《南京夫子庙志略》《秦淮八艳诗书画》《漫话秦淮》10 册书，点校《秦淮志》《金陵大报恩寺塔志》，所撰之文大都与秦淮河、夫子庙相关，被人们称为“夫子庙的活词典”。2010 年，自秦淮区地方志办公室主任一职退休后，受南京市地方志办公室邀请，任《南京简志》（2010）一书总纂，该书当年被评为南京出版社十大好书之一。

作为有心人，献文兄十分重视与各方面专家学者的联络和感情培养。为了集中和发挥好当地文史爱好者的作用，建立起一支《秦淮夜谈》稳定的作者队伍，经他上串下联，在他退休前的2008年8月8日，南京秦淮人文学会在秦淮区政府401会议室正式成立。秦淮区副区长霍慧萍出任荣誉会长，全国政协委员、南京大学历史学名家伍贻业任会长，他兼任副会长主持学会日常工作。秦淮人文学会的成立，使众多退休在家的文史爱好者有了用武之地，《秦淮夜谈》有了一支源源不断的撰稿人队伍，也使地方志工作增添了一个有力的助手。

《秦淮夜谈》创刊于1986年，早先为秦淮区地方志编纂委员会和区政协文史委合办的内部资料，由于人事变化停刊。为凝聚和留住这批地方文史专家和爱好者，服务中心工作，充分发挥在地方文史在提升城市知名度和影响力中的作用，在献文兄的努力下，秦淮人文学会将《秦淮夜谈》作为自己的会刊，每年公开出版一至二期。

作为一个松散型的学术组织，秦淮人文学会会员大多是长年生活或在秦淮区工作的退休老同志，或是中小学教师，或是在新闻宣传部门的干部，或是其他单位的退休人员，但都有一个共同的爱好，即有志于地方文史的采集和传承。常年参加活动的先生们约有20人，虽然没有固定报酬，没有明确的规定和要求，但受共同的志向和爱好的驱使，每次活动时学会成员都能积极参加，且早早赶到聚会地点。

2012年，我也从工作岗位上退下来，有更多的时间参加秦淮人文学会的活动。当时，学会例会活动仍然在夫子庙大成殿后厢的尊经阁旁，每月固定聚会一次，即每月8日的下午，逢节日顺延一天，有事磋商时临时通知。每次例会，献文和吴惠风二人总是早早打扫好厅堂，摆放好桌椅，烧好开水，等待大家，室内坐不下，就临时在过道上添张凳子。

夫子庙尊经阁旁的学会会址，与杨献文的努力密不可分。

早在夫子庙景区开发之际，他就热心参与景区的打造，利用自己在地方志工作的机会，千方百计地搜集海内外的文史资料，为秦淮风光带的打造提供智力支持。

尤其值得一提是，在复建改造南京夫子庙景区时，施工队的工人无意间在孔庙与学宫间隔的院落发现了一口废弃多年的水井，是弃是留拿不定主张。建设单位通过区政府找到杨献文，请他帮助核实由来。

献文兄脱口而出："可能与南京名人秦桧有关！"

据《至正金陵新志》记载，秦桧祖居南京江宁，其父兄均为进士，其在孔庙学宫学习时，有一天晚上看见一只白兔跑入地中，就与人挖掘，挖到一丈处深时，发现泉眼，泉水清澈涌出。待秦桧考上状元后，派人在此开凿造井，并亲自题写篆书"玉兔泉"。后来，秦桧的臭名不但玷污了"玉兔泉"，其后人们也均羞于认其为祖。秦桧为奸臣，但其后人中却不乏忠烈之士。明代开国功臣刘伯温曾专门撰写《玉兔泉》一文，为玉兔泉辩冤："桧死为蛆，泉洁自如；我作铭诗，众惑斯祛。呜呼泉乎！终古弗渝。"意思是说，秦桧虽是奸臣，但不能牵连"玉兔泉"受冤。杨力主恢复重建，并说："通过这口水井，可以感受古时学子饮用泉水的场景。"

这场争论，直到2009年才得到相关部门的肯定，"玉兔泉"井得以恢复。秦淮人文学会也因此在AAAAA景区内占有一席之地，扎住根来。

虽然参加学会活动的老先生们从不计较报酬和得失，但是作为活动成果的《秦淮夜谈》，编纂出版总是需要费用的，所谓"巧妇难为无米之炊"。学会成立初期，献文曾信心满满地对我说："活动经费总是有的，除了继续争取政府项目经费外，手头有历年节余的项目经费和自己获得的奖金，共七八万元现金，投在证券股票市场，每年不想赚多，赚个出版费还是可以的！"

谁料连续几年证券市场行情不好，到2012年后，连用带亏，所谓的经费所剩无几。学会活动，特别是好不容易辛辛苦苦征集编好《秦淮夜谈》的出版发生了困难。时值全市一轮较大的机构调整之际，秦淮、白下两区即将撤并。一筹莫展之下，献文多次与我和几位学会骨干商量，寻求克服困难的办法。后来，确定了争取市场化运作和争取区政府相关部门赞助“两条腿走路”的办法，同时鼓励学会会员积极参加区地方志相关专题的编纂。

虽经多方联系，但由于《秦淮夜谈》所涵内容的史料属性及区域特点，市场化运作的愿望碰了壁。好在经献文兄和会员共同努力下，中断3年多的《秦淮夜谈》第23辑于2014年由秦淮区地方志办公室编纂出版，并作为文史资料在秦淮区“两会”期间发放，受到人大代表和政协委员的欢迎。

自2015年起，为紧贴政府中心开展文史资料的征集研究，学会活动改在秦淮区政府地方志办公室所在地进行，《秦淮夜谈》也成为秦淮区地方文史工作的一个亮点。断断续续编纂的20余期《秦淮夜谈》，加上其他专刊专集，总计约数千万字，为后人留下了一系列可读性强、内容翔实的文史资料。2016年，秦淮、白下两区合并后，地方志办公室搬到集庆门与档案局合署办公，学会活动随即迁到集庆门开展。

随着社会经济的发展和城市改造的进步，斗转星移，物是人非，对于许多人来讲，我们久居的城市已变得异常陌生，许多发生在这块土地上的大事、要事渐渐成为模糊的记忆，亟须有热心的专家学者们记录下来。

当天的会议，由秦淮区地方志办公室主任金毓平和杨献文共同主持，参加聚会的有濮小南、徐廷华、王经强、陈仲凯、马学仁、韩工等老先生，因身体不好，陶基富、赵元植、吴惠风等先生没能参加。会议议题有三项，一是《秦淮夜谈》集中审稿；二是发放《物语花露岗》稿酬；三是讨论下一期《秦淮夜谈》的征稿和主题。杨献文首先发表意见，他说：“各位先生们根据掌握的资料和编者的意见，重点审视自己的文章，下一次征稿还是采取自报公议的办法。”金毓平发表即兴讲话，他说：“非常感谢各位先生们长期以来对地方志工作的无私支持，不计时间，不图报酬，牺牲大量宝贵的时间和精力，热心撰稿，表达对秦淮这块热土的眷念！”

《物语长干里》是秦淮“物语”系列的第二本。长干里不仅是南京著名的地名，也是佛教圣地。吴大帝孙权敕准的建初寺即建于此，历史上亦留下众多描写长干里生活、爱情、风土的诗词歌赋。最著名的莫过于唐诗人李白《长干行》：“郎骑竹马来，绕床弄青梅。同居长干里，两小无嫌猜。”“青梅竹马”“两小无猜”成语即来自于此。许嵩在《建康实录》中记载：“金陵南郭群山环之，而雨花峰为最大，其脊曰石子岗，即古之大长干也。稍西曰小长干，吴立大市，晋瓦官寺适当其地。”明末，长干里依旧繁华，为金陵四十景之一，到了清代，在金陵四十八景中变成了“长干故里”。唯有中华门外的长干桥，其名千年不变。

围绕长干里的变迁及史料搜集，与会的各位先生们进行了热议。

经过讨论，秦淮人文学会决定在年内出版新一期《秦淮夜谈》，本期主要栏目有巷陌春秋、人物长廊、情系秦淮、史事钩沉、艺林拾翠、耆宿忆旧等，并对《物语长干里》的编纂出版做出了初步安排。

散会以后，我和献文同路而行。漫步在集庆路上，杨兄言犹未尽地说：在新一届区地方志领导的支持下，《秦淮夜谈》肯定能坚持下去的，秦淮人文学会这支队伍的作用也会越来越被重视的。望着年过七旬，两鬓斑白的献文兄，想到他这些年来为秦淮人文学会建设和《秦淮夜谈》征集编纂的艰辛努力，我感慨地说：付出总会有回报的！

他淡淡一笑，接着说：趁着现在还能做点事，把该留下去的东西留下来，此生无憾也！

惠风细雨忆吴老

徐廷华

资深文史研究专家吴惠风先生在2023年新年伊始那个严寒的冬天，未能抵挡住重瘴，悄然地走了。我是在那天清晨一早被朋友打来的手机铃声惊醒，得知他去世的消息。听到噩耗，十分吃惊，前几天，我们还微信互祝新年平安。因为太突然了，所以比吃惊更直接的是不敢相信。那几天，他的音容笑貌，时时在我眼前晃过来摇过去，我们毕竟相识相知十五六年了。

和吴惠风相识于2008年的秦淮人文学会成立大会上。他中等个儿，人很清瘦，但思维清晰，谈吐不俗，不人云亦云，有其独到的见解。相互握手间，互报家门，知道他年长我五岁，退休前在江苏省粮食局工作，是《江苏粮食》杂志的主编。凭借其南京师范学院（后改南京师范大学）中文系毕业的学历，主编这样一本杂志自会风生水起，有形有声，文采斐然。

时任秦淮区地志办主任的杨献文是秦淮人文学会负责人，常组织会员们在夫子庙大成殿楼上一间办公室活动，一月一次，历经数年。随着往来渐稠，渐渐和吴惠风熟悉了，印象也不断丰富起来。交谈中知道我们都是较早入会的江苏省作协会员，彼此有很多共同的语言。有时我和他说，我搞文史外行，主要是搞文学创作，写散文随笔。吴惠风笑说，写文史与文学创作同理，只不过一个注重史实，一个侧重想象。有时我们还互送自己的著作，他送了我一本他参与编著的《江南才子与民族精神》，是1996年南京大学出版社出版的。我回赠他一本刚出版的《小楼人家》

散文集。期间我拜读了他送我的这本新著，感觉他行文极其认真，对每个历史人物不多溢美之词，而侧重细节叙说。几个月后的一次见面，他给我一个信封，对我说："你那本散文集我看了，里面有篇知识散文小品，写得不错，很适合我们《江苏粮食》刊用，我推荐给了现任的主编。这是一点薄酬，杂志就不给你了。"

我推让着，有点不好意思。他执意要我收下。这件小事让我对吴惠风有所好感，觉得他为人诚实厚道，颇重友情。我也没托他，是在我完全不知情的情况下，他把我的拙文推荐上去的。他写文如此认真，为人亦如此。

也是这一年，秦淮区地志办编辑的《秦淮夜谈》已出版了21辑，当时的主编杨献文拟从20辑300多万字、几百篇作品中精选一些篇什，编一本《秦淮文萃》。他物色了几个学会的会员先务务虚，座谈座谈。参加会议的除了吴惠风和我之外，还有资深文史人赵元植。大家觉得这个意向很好，达成共识后就分头落实了编选任务。

《秦淮文萃》拟出四个分册，打头的《人物长廊》由杨献文主编，吴惠风主编《夜泊记情》，赵元植主编《灯下漫笔》，我则主编《史迹探幽》。那段时间，我们几个人常聚在一起，将一套20辑的《秦淮夜谈》样书一本本拆散，各人根据所编辑的分册内容，索取相对应的文章。吴惠风却不急着找自己所需编辑的文章，而是不声不响地将20辑的目录先复印了几份，交给每位编者，作为选题时的参考。大家一边拆样书，一边对照目录，等到我们挑选完，剩下的才归吴惠风去挑选，里面的文章大部分不是没有头，就是少了尾，很少有一篇是完完整整的。吴惠风笑呵呵地全带回家中，找出自己保存的一套《秦淮夜谈》，对照着目录，将所缺的内容，扫描复印出来。这让我们心里很过意不去。他却淡淡地说，我很方便，家里有台复印机，也不费什么事。

在选编过程中，吴惠风很严谨，对同类题材，他反复比较，择其优者入选；对入选的文章，更是再三的斟酌，对原著的史料进行核对，查缺补漏。不仅这样，全书编辑进入尾声时，他冒着暑热，一趟趟跑各大图书馆馆藏部及中山东路上的中国第二历史档案馆，在那里翻资料，翻拍、复印与所入选的文章的各种有关图片，林林总总不下有二百多幅。使得全书更具可读性和史料价值。一次，我到他靠建康路附近的慧园里住处拜访，沿墙半壁书架上全是书，尤以古籍书居多，看出他的博学。闲聊间，他兴致勃勃地从抽屉里拿出一沓图片给我看，有新近拍照的，有从资料中翻拍的，每一张图片都详细地标明用于哪一篇文章。看得我打心里敬佩他做事的认真和投入的执着，以及他为这套书倾尽的心血，但我也感到在和吴惠风交谈时，他从肺部呼出的喘息声又比前重了些，夹杂着几声发自肺腑的咳嗽。他那时已古稀初度，却没把这事放心上，大大咧咧仍一心扑在工作上。别的事，他都不大在意，或者不去关心，人的能量是守恒的。

《秦淮文萃》最终由南京大学出版社出版。编完这套书后，吴惠风被秦淮区地方志办公室聘任为《秦淮夜谈》的执行主编，具体负责策划、组稿、选题、审稿工作。多年的文史编辑工作，使他养成角度新颖，文字严谨的用稿准则。

《秦淮夜谈》的来稿，绝大部分出自学会的同仁，有时也有针对性的对外约稿。为了使每一期内容丰富，题材广博、知识性强，在栏目设置上，吴惠风也颇费了一番脑筋，事先将栏目在会上布告，有人物长廊、史海钩沉、灯下漫笔、秦淮风物、城南往事、白门忆旧等几十个栏目供大家自选。吴惠风对所有稿件也提出要求：不炒冷饭，避开过去写过的题材；不照搬网上已有材料，用自己的语言组织；不写与秦淮无关的题材，紧扣秦淮主题。他有时会风趣地说："大家都是多年朋友，我可能会得罪大家，用稿原则是对事不对人。"引来与会同仁的一片笑声。

话是这样说了，实际操作时，来稿中仍然会出现题材不新颖，资料陈旧等问题。吴惠风有时感到很棘手，不用吧，得罪作者，况又是低头不见抬头见的多年老朋友；用吧，有昧自己对文史编辑的初衷。为确保书稿质量，他有时会与作者商讨，把自己的设想讲给作者听，帮助作者选取新角度来写。学会同仁中，有不少人得到过吴惠风的亲炙指正。

当然，五个手指头不会一样长，总会有一些不尽如人意的事。学会有位老文史作者，总觉得自己的文章写得好，却很少被采用，无形中对吴惠风抱有看法，流露一些情绪。我有时会和稀泥，劝吴惠风手下留情。吴惠风知道后，主动与那位作者交流，并说明稿件不用的原因，化解了因写文产生的一些误解。而对比他年轻的作者，吴惠风是毫不客气的，那率真和耿直让人敬重。

一次，会议讨论编辑《物语花露岗》书稿的组稿。门西一带古寺名刹众多，且多丰厚的人文和名胜景观，很值得挖掘。讨论中，我报了两篇选题，其中一篇《萨都刺石头城揽胜留下几多名作》，报题时，我将萨都剌，念成“萨都刺（cì）”，吴惠风听了，不留面子，当即就向我指出，这个选题可以写，但老徐念错了人名，应是“萨都剌（lā）”，不是“萨都刺（cì）”。弄得我面红耳赤，十分尴尬。会后他和我一路回去，有谈有说，似乎没那回事似的。2019 年 4 月书出版时，为了全书标题的统一，改成《凭高揽胜萨都剌》。

生活中的吴惠风就是这样一个率真诚恳的人，崇尚真诚，抱守良知，反对弄虚作假，鄙夷装腔作势。不了解他的人以为这人很不好处，其实他是个地道的热心人。吴惠风从《秦淮夜谈》第 23 辑编起，直到编完 27 辑为止，因身体原因，不再继续担任编辑工作。记得他参加最后一次秦淮人文学会活动时，是打的来去的。那时他走路已很困难，体气颇衰。

2021 年后，我们都深居简出，很少见面，大都在微信上联系，有时亦在微信里通话，一聊就是半小时，那时我已感到他的气喘越来越严重，有时他说话时有点上气不接下气，听的人很吃力。我们最后一次联系是在2022年的国庆节，那时他说话已很慢了，有气无力。我劝慰着他，好好休息，待风雨过后，我们再面见。不想，这最终愿望竟没有实现。

斯人已逝，留给亲友的是无尽的伤痛和永久的思念。我时时想起吴惠风，会不由自主地翻出那套厚厚的《秦淮文萃》，回忆起和吴惠风走过的那段岁月。因和吴惠风多有接触，友朋一再勖勉鼓动，嘱我写点纪念文字。望着窗外惠风细雨，又一个春天来临了，为慰藉故旧，遂实录吴惠风平生一二，意在存真，罔计其他。吴惠风永远活在他的亲人和朋友的记忆里。

《秦淮夜谈》早期“三老”

杨献文

忆起《秦淮夜谈》30多年的历程，“三老”在其早期的活动，犹如翻腾的海水一样，使我久久不能平静。20世纪80年代中叶至21世纪初，我与“三老”的文化生活紧密相连，从认识到一个个地送他们离开这个世界，有太多太多的故事可说，有桩桩件件的事可记。仅在《秦淮夜谈》第30辑编辑出版之际，草草散记若干，以助了解这套丛书创立和其后的岁月。

出色的主帅——朱平

早年，朱平从南京部队前线歌舞团转至《南京日报》社工作。约在20世纪60年代中后期，下放至第27中学任政治教员，70年代调秦淮区文化馆任馆长、秦淮区文化科科长（后改局长）。80年代初，退休前转地方史志工作，创建秦淮区史志办公室，任主任。

这一时期，南京市将夫子庙地区商业网点改造提上日程，紧接着市、区两级提出复建夫子庙大成殿的计划。史志办联系一批政协委员忙起来，搜集文庙史料、研究文庙建筑所在位置，编写古典诗词册。同时，《秦淮夜谈》筹备工作铺开。初期，朱主任找南京市文化局争取内部印刷号，他和史志办老人乘公交车到东郊汤山农村中，找农村社队印刷厂——镇江市谏壁印刷厂印书，减少开支。文稿不够，找南京市文化史志界同志帮助写稿，现在翻阅首册书时还可以看到一些陌生人名。就这样，一本一本小册子在步履蹒跚中面市了。书印出，即发放至秦淮区人民代表大会、秦淮区政协会议代表手中，很快在全区范围产生影响；余下的书留作社会交流之用。书中收录古代秦淮人物、胜迹、园林、诗词等文章，读者如拉开了秦淮历史的大幕，知道家乡丰富而悠久的历史和有趣的人文故事。我就是这样，爱上家乡，逐步走进了作者队伍之中。从书写作队伍也不断壮大起来。许多年之后，南师大女博士黄玉琰也走进办公室，成为作者之一。

听老人们说：台湾回来探亲的乡人，找到办公室来购书。以后我主持地志办工作时，也遇到过有人受台湾同胞之托前来问当年出书书讯。中央领导、政协主席李瑞环视察秦淮区时，政府将书作为礼品赠送给他。2002 年，南京大学教授、秦淮人文学会会长伍贻业，前往香港大学访问，将一套《秦淮夜谈》赠送该校，受到该校教授们称赞。一年又一年过去，直到第 15 辑出版，朱主任步入暮年，我才奉调从文化局到史志办工作，将史志办改建成秦淮区地方志办公室，担起修志编鉴和编辑丛书工作。之后，朱主任和魏守馀先生还在写稿，我就从第 19 辑开始给《秦淮夜谈》设主编，让二老当任主编，直到第 21 辑，我才将自己名字放在二老之后任过一次主编。平时，每月去家中看望他们一次，送去每月文史研究补贴费，直至他们一个个去世。

丛书之外，夫子庙复建成功之后，朱主任还做了两件有特色的工作。一是征集书法作品，为新建成的大成殿建两庑碑廊。史志办聘书法界人员，撰写“书法征集书”，印刷《古代秦淮诗词》小册子，编写全国著名书法家、学者名单，然后向全国各省市发出“征集书”。接着，他亲往北京、上海等地，与重点书家、学者见面，上门做工作，确保征集作品的质量和成功率。经过约三个月时间，收到一大批作品，他又组织专门人员评出代表作、优秀作品，组织刻碑上墙，使复建的古庙增添了一批可览可咏的文化内容。另一件事则是开展编写秦淮歌曲，唱响秦淮活动。那是在文庙复建成功，开始转向世人推出“秦淮风光带”时期，他身先士卒创作秦淮歌曲，并组织创作组将著名歌词作者卢永椿，以及阎文斌请入组，分工写出一批景点、园林歌词，又请全国著名作曲家、前线歌舞团的龙飞、沈亚威为歌词谱写曲调，邀请程桂兰等歌手演唱，并录音制作成光盘磁带发行。这些歌曲一时间唱响秦淮乃至南京的大街小巷。这些有特色、有影响的工作，在创建全国文化先进区活动中贡献了一份力量。1993 年前后，秦淮区被文化部命名为“全国模范文化区”！

幽燕老将——仇良矩

仇良矩是名门之后。父仇埰，词人，民国时期教育家，第四师范学校校长。仇先生 20 世纪 70 年代退休，受邀为秦淮区政协委员、秦淮区史志办公室副主任。

他，一生中三分之一以上时间是在民国期间度过，书香门第，家藏丰厚，社交广泛，熟谙民情风俗，为文史界之珍宝。他联系区内一批政协委员和当时健在的老先生，有法律、文教、医疗卫生界的名人和名人后裔，组成《秦淮夜谈》初期撰稿队伍。该书版面设计、编排、校对工作轻松自如；文稿史实审核，从不放过与史实不符的文章，保持了丛书地方特色。从这一高度说，仇老可谓“定海神针”。

我与老人相识，始于 1985 年。那年，朱、仇二老受政府委托有“西北之行”，往南宫市、开封市、太康县（谢安祖籍）、西安市收集文史资料。我以区委秘书身份随行，做服务工作，从此结下亲同师生的关系。相处近 20 年间，难以忘怀，值得重笔一记者，当数《秦淮区志·人物志》近代志稿撰写一事。2001年前后，担当人物志写作的魏守徐先生，已完成古代部分志稿，因近代部分不熟悉情况，加之病眼，不良于视，无法写下去！其时，仇先生年事已高，卧病在床。一时间，近现代人物志稿无人担当，出现志稿“大断限”问题。难题搁置了一段时间，一天想到仇先生虽病在床，然而思维尚健，何不赖之以成。于是凭借十多年文史阅历，将所阅所闻名流、学者列成名单，带着来到老人床边，分批与老人交谈，边谈边记，每次以一小时为限。若干次之后，终于界清梗概，删除居住外区者，留下秦淮籍人士，依此撰出一份近代人物志初稿。后从事文史研究多年的王莉莉来参加修志，补写了当代人物，志稿告成。全编收录魏先生撰写的古代130人左右的人物小传，加上根据仇先生口述整理补写的近现代30人的人物小传，成为“贯通古今”的志稿，其厚重程度超越一般区县志，使秦淮人杰地灵特色凸显了出来。

记得一次，往史志办借书，仇先生借此时约我随他前往南师大拜访唐圭璋老人。我当然乐意见到这位久已仰慕的《全宋词》编者，高兴地一口答应！及往，谈话中唐先生告之：民国张惠衣《金陵大报恩寺塔志》记载了中世纪世界七大奇观之一的南京景物，值得重视。说着，90余岁的老人起身到隔壁房间去找书，好一会未出来，我们也过去了，只见一个大房间书架满满当当排着书。唐先生来回其间找书，后终究没找到，挺失望。回来后，我立即钻进秦淮区图书馆古籍室，竟然在这里找到《金陵大报恩寺塔志》一书，一本封面发黄，部头不大的小册子。仇先生见到书，高兴地指点我用方格纸将其整理抄写出来。那段时间，工余都兴致勃勃地做这件事。整理完成，史志办朱、仇二位主任商量将书中大部分有关记载塔史的内容，收录进《秦淮夜谈》第5辑，其余艺文等内容因费用不足删除，并将记史部分另外加印成一个单行本小册子，广泛散发。这成为南京市第一本重刊印行的大报恩寺塔志书，以后南京出版社卢海鸣先生又约我将全书重新整理出版发行。不久，南京市政府立项在大报恩寺遗址恢复建筑了纪念性景点——琉璃塔和遗址公园，其影响波及中外，连美欧诸国都报道了这一消息。此时，才感到仇先生平凡工作之重大意义，以及《秦淮夜谈》在南京、秦淮发展中的作用！

仇先生晚年，还无私地将家藏珍贵之物捐献国家，乃为义举。其中，明代文徵明之子文彭书画《鞠宴图》，捐献至南京博物院，被文物部门鉴定为国家一级文物；诗词遗书遗稿捐献给金陵图书馆；家乡珍贵地方志文籍捐献给秦淮区地方志办公室，其中包含清《同治上江两县志》等线装本。

地方志高手——魏守馀

20 世纪 80 年代初，魏守馀自部队转业任秦淮区教育党委书记，不几年转任秦淮区委办公室主任。据传，他曾于成都市军管期间当任《成都日报》代总编。退休后入秦淮区史志办，专业从事文史研究。著有《秦淮人物志》、《乌衣巷史话》（合著）、《金陵凤凰台史话》（刊载于《秦淮夜谈》第 18 辑）。

一次闲话中，魏先生提到秦淮历史底蕴最深厚者要数乌衣巷，可以数出 100 多个人物。时我在文化局副局长任上，于是挑头请其写《乌衣巷史话》一书提纲，然后请其和朱平、地方史作者俞显尧以及我共四人各分一部分，开始试写书稿。书稿草成，我到区委杨福明书记办公室，介绍了小册子撰写情况以及对旅游事业的意义，请区里支持。书记批了 2 万元钱到文化局，专用出书事宜。书出版后，放在夫子庙广场聚星亭服务部试销售，连续 3 个月，每月售出 100 本左右。杨书记听说此事后，要求文化局将一本扩充编成一套史话丛书，即乌衣巷、江南贡院、秦淮八艳、中华门城堡四个分册。于是秦淮区第一套旅游丛书“秦淮史话”诞生。之后，区内出现编写旅游丛书热潮，连续出版几套“漫话秦淮”丛书，促进了旅游事业繁荣。

2000年，地志办再次启动区志编写工作。魏先生主动承接《人物志》撰写工作。约一年后，完成古代部分，近代民国部分情况他不熟悉，加之眼睛疼痛，无法撰写。其时，我担心他急于编稿，累出眼病。后则意识此想法过于浮浅，因阅读往日《秦淮夜谈》时，发现1993年他已与仇先生合作发表《南京民国人物》一文，文内竟收录71人小传，只是文中未能分辨是否秦淮人物，而以江宁、上元人概之。又过了2年，他提出乌衣巷有100多位历史人物之论。以上两例，让我私下推测，他一定通阅二十四史中三国吴以后的史籍，以及有关方志杂史等，才能承担下《人物志》撰写担子。由此，考虑人物志的分量之重，决定将这编志稿印成单行本，并亲题书名，撰写前言，以示慰藉。地志办从此增加一本小志——《秦淮人物志》。

著书有成，文章闪光！他的《秦淮人物志》，可以见之。在大报恩寺塔和遗址公园复建时，报刊发表大量文章，认为建初寺和长干寺是大报恩寺前身，无人提出异议。这是一个值得商榷的论题！建初寺，从东吴到南宋末，原址在门西凤凰台东麓，亦是六朝正史和方志明文记载之史实。它是千年古刹，江南寺庙之始！把建初寺与长干寺放在一起作为大报恩寺前身而不加注，是不妥的。魏先生10年前在《秦淮夜谈》第7辑已揭示出这一史实，并指出其出处在明葛寅亮著《金陵梵刹志·凡例》中，其钻研精神可敬可佩！